Bibliografische Information der Deutschen Nationalbibliothek:
Die Deutsche Nationalbibliothek verzeichnet diese Publikation
in der Deutschen Nationalbibliografie; detaillierte bibliografische
Daten sind im Internet über http://dnb.dnb.de abrufbar.

Buchsatz: Acelya Soylu
Cover: Acelya Soylu von Buchcover_design
www.buchcoverdesign.online

Die verwendeten Bilder sind von www.freepik.de
Herstellung und Verlag: BoD – Books on Demand, Norderstedt
ISBN: 9783757882037

All Mensch ass en Individuum

Robby Gengler

Meng Mamm a meng Bom

Gëschter hunn ech d'Nouvelle kritt, dass meng Mamm, déi am Moment am Spidol ass an déer se 6 Liter Waasser aus dem Kierper erausgezunn hunn, méi krank ass wéi geduecht gin war. Si muss elo eng Chemotherapie iwwert sech ergoen loossen, an wann déi dann usprécht muss se béiswëlleg Metastasen eraus operéiert kréien. Et war en immensen Schock fir mech, wou se mer gesot huet si géing an ongeféier véier Méint d'Hoer verléieren a den Dokter hätt gesot si misst dann eng Parréck droen. Wann se dann erëm op d'Been kënnt dann ass jo alles OK, mee ech weess net wéi wäit en den Dokteren kann trauen, an ech maachen alles fir dass se wéinstens d'Moral net verléiert. Si hätt wierklech verdéngt nach eng gutt Zäit onbeschwéiert ze liewen.

Wéi et menger Mamm an hirer Jugend gaangen ass, dat weess et weider net. Ech weess just, dass hiert Bestietnis vu ganz kuerzer Dauer war, dass d'Scheedung vun mengem Papp mat vill Schäiss, warscheinlech vu béiden Säiten verbonnen war, dass Sie ëmmer vill huet misse schaffen fir duerch d'Liewen ze kommen an dass Sie sech jorelaang vu menger Boom terroriséieren gelooss huet. Wou meng Boom 1977 gestuerwen ass, konnt si emol ufänken an d'Vakanz ze goen. Am Abrëll vun deem Joer huet si um Kannerschlass mat schaffen ugefaangen, an de 5 September ass d'Boom gestuerwen. Ech sinn immens stolz, dass et mer gelongen war meng Mamm ze iwwerrieden eng Demande ze maachen wou Platzen um Schlass fräi gi waren. Ech sinn deemools eng Kéier moies mat hier duerch d'Uelzechtstrooss gaangen a si huet geklot, dass si mat den Einnahmern vun hirer Epicerie net méi liewen kënnt an, dass si sech eppes misst afalen loossen fir hier Zukunft oofzesecheren. Ech sot, Sie soll sech dach ganz einfach op d'Kannerschlass mellen, ech géing genuch Leit kennen fir dass dat kéint an t'Rei goen, an mat der Boom do géingen mer schon eens gin. Si huet sech gemellt an eng Platz kritt, déi gutt bezuelt war. Ech sinn all déi Deeg wou Sie geschafft huet mam Vëlosmotor op Uewerkuer bei eist Gréitchen gefuer, hu mat him geschwat, hier eng Zopp gemaach, de Chaos ewechgeraumt deen Sie reegelméisseg gemaach huet an dann sinn ech erëm heem gefuer op Esch. Meng Boom hat Arteriëverkalkung an am September ass si, wou si wollt hiren Toiletteneemer ausdroen zur Fënster erausgeklomme platz zur Dier eraus ze goen. Sie ass nuets vum éischten Stack erofgefall, an si louch stonnelaang am Haff virun der Dir, bis e Mann deen moies op d'Fréischicht schaffen gaangen ass si fonnt huet an d'Ambulanz geruff huet. Et wosst keen wou meng Mamm an ech ze erreechen waren. Meng Mamm war net méi um Schlass, an ech net um Büro well mer menger Mamm hiren neien Auto, den Colt, an t'Garage op Déifferdeng sollten sichen goen. D'Ottilie huet eis do schlussendlech an der Garage erreecht, fir eis ze soen, dass d'Boom am Spidol wier. Ech hat déi Frau nach ni an der Klinik erlieft. Trotz dem héijen Eroffalen, war si weider net blesséiert, mä si ass vu Stonn zu Stonn méi an sech zesummegefall an déi eng Kéier wou ech se besichen war, huet se mech net erkannt. Hieren Ubléck hat mech immens geschockt an ech war schlussendlech frou, dass si no e puer Deeg am Spidol gestuerwen ass. Sie war 82 Joer al gin an ech mengen haut, dass et besser gewiescht wier wann si e puer Joer éischter gestuerwen wier, well dat Liewen dat si déi lescht Joren hat, war wierklech net méi liewenswäert.

Mam Doud vun der Boom ass meng Mamm esou fräi gin wéi si an hirem Liewen nach ni war. Sie konnt maachen wat si wollt, konnt fortgoen an heemkommen wann si wollt an si war kéngem méi Rechenschaft schëlleg. Wann ech esou no hannen kucken, da realiséieren ech eréischt richteg, dass d'Germy vun senger Mamm jorelaang tyranniséiert gin ass an dass deen eenzegen Mënsch, mat deem si wierklech léif war an fir deen si alles gemaach hätt, ech selwer war. Soss huet si praktesch keng Gefiller fir en aneren gehat. Si hat e staarken Wëllen a si war voller Mësstrauen deenen aneren Leit géigeniwwer. Mech dergéint hätt si op den Hänn an den Himmel gedroen, wann et hätt missen sinn, och nach zu Fouss.

Meng Perséinlechkeet huet zum gréissten Deel meng Boom geformt, si huet mech erzunn, huet mat mär geléiert, huet gekacht an d'Wäsch gemaach. Sie ass mat mär Kommissiounen maachen gaangen, huet mech an d'Kierch geschleeft, huet mech verdeedegt wann et ëmmer huet missen sinn, huet spéider ëmmer fir mäin Täschegeld gesuergt an esou weider.

Mee, wéi gesot: Ech war deen eenzegen deen si richteg gär hat, an all déi aner haten et immens schwéier mat hier. (Januar 1996)

Que faut-il à l'homme pour qu'il puisse vivre heureux ?

Il a besoin d'amour, de compréhension, de tolérance, de la liberté d'agir à sa guise, il doit se trouver en bonne santé et il doit faire un travail qui lui fait plaisir. A quoi bon de devenir chauffeur d'autobus si tu n'aimes pas la circulation ? Pourquoi travailler en ville si tu préfères le calme de la campagne ?

De nos jours il devient de plus en plus difficile de vivre à sa guise, de développer les qualités qui sont cachées dans notre for intérieur, d'organiser sa vie dans le respect d'autrui, dans la tolérance et la joie de vivre.

Il serait désirable que tout un chacun puisse suivre la voie qui lui est montrée par ce qu'il aimerait faire s'il était libre de faire ce qu'il veut. Le sportif devrait pouvoir s'épanouir dans toutes les activités corporelles qui lui font plaisir, le photographe devrait pouvoir flâner à travers la campagne à la recherche de motifs à captiver sur sa pellicule, le grimpeur devrait pouvoir escalader toutes les montagnes du monde et le voyageur devrait pouvoir faire connaissance de toutes les cultures, de toutes les villes et de tous les pays de la terre.

Toutes les fois que je viens de faire la connaissance d'un pays ou d'une région qui m'était étranger jusque - là je ressens une envie - qui est difficile à décrire - de photographier tous les motifs, tous les petits coins pittoresques, les montagnes et les vallées, les arbres et les animaux que je ne peux pas rencontrer chez moi. Cette envie, elle peut bien exister mais je n'ai aucune possibilité de vivre mes désirs puisque tu ne comprendrais jamais si je disparaissais durant des heures pour faire des photos de tout ce qui me semble intéressant et joli.

Tu peux reconnaître un homme si tu te prends le temps de regarder ce qu'il a photographié. Ses sujets peuvent se limiter à tout ce qui a un rapport avec la vie en ville, ils peuvent se limiter à la prise de vues architecturales, naturelles, ils peuvent tourner autour la vie des animaux ou tout ce qui naît dans la nature. Quelqu'un qui ne s'intéresse pas à ce violon d'ingres ne peut jamais vivre le sentiment de calme intérieur et de satisfaction du photographe, qui après des heures et des heures d'efforts a réussi à reproduire un papillon sur une fleur, et encore faut - il que le papillon qu'il voulait captiver sur pellicule se trouve justement au moment voulu sur la fleur voulue, la lumière du jour doit répondre exactement à ce que le photographe a arrêté comme image dans sa fantaisie.

Faire ce qu'on veut. Après avoir été éduqué par tes parents, après avoir fait tes études et après avoir travaillé pendant un certain nombre d'années tu arrives à un point où tu es un homme formé par autrui, ton père, ta mère, tes enseignants, ton chef et les personnes qui t'entourent à ton travail. Tu es un homme qui porte les empreintes de toutes les personnes qui, à un moment ou à un autre, t'ont accompagné ou t'accompagnèrent sur le chemin de ta vie. Ton passé te marque, tu es un homme qui réussit ou qui ne réussit pas dans la vie, tu es estimé ou tu ne l'es pas. Mais la question primordiale qui se pose est : « As-tu réussi à te réserver un petit coin dans ton intérieur qui n'est rien qu'à toi ? As-tu réussi à conserver malgré les enseignements qui t'ont été donnés par autrui ton caractère, ta personnalité ? Existe - t - il des qualités qui te distinguent de la grande masse des autres gens ? Ou es-tu le produit ou le résultat de ton passé sans pour autant avoir des particularités qui te distinguent des autres ?

Dans chacun dorment des intuitions qui ne demandent que d'être réveillés. Le brevet de maîtrise d'un artisan, le diplôme de fin d'études d'un étudiant ou l'art de parler d'un traducteur ne sont que le résultat d'un processus d'apprentissage. Il en est autrement des qualités cachées qui ne peuvent s'apprendre puisqu'elles existent déjà, elles n'attendent que d'être éveillées. La peinture ne s'apprend pas, tu la possèdes, l'art de voir les petits objets de ton entourage ne s'apprend pas non plus que la volonté de courir pendant des heures pour la simple raison que tu veux ressentir la satisfaction d'avoir réussi à battre une distance de 10, 20, 40 ou 60 kilomètres.

La vie professionnelle et privée ne te laisse malheureusement pas le temps de faire ce que tu veux et quand tu veux. Tu peux bien t'efforcer à te connaître toi - même, mais finalement tu ne peux pas réaliser les conclusions de ton analyse personnelle.

29.01.1996

An der Dusch

All Kéier wann ech duschen gin
et kënnt net ganz oft vir
dass ech ënnert dem Waasser stinn
et grault mer echt derfir.

Wou ass de Shampoing, wou ass d' Seef
wou fannen ech dann elo en Duch
wou ass de blöden Läppchen nees
ech hunn es gläich genuch.

Da klemms de eran an d' Duschkabinn
do stees Du enk gedréckt
hei muss de séier fäerdeg gin
well soss bass Du erstéckt.

De Riddo pescht der mol um Bauch
um Aarsch an un de Been
du verdadders dech am Waasserschlauch
stéings de dach gutt am Reen.

Et Waasser sprëtzt no lénks no riets
just net wou et grad soll
de Schaum dee leeft der vun der Iets
a pickt der d' Aen voll.

Et Seef déi fält der aus der Hand
a rutscht um Buedem hin an hier
et ass dach wierklech allerhand
de Riddo pecht schon erëm un dir.

Virun der Dusch entsteet e Pull
e gëtt ëmmer méi grouss
du stees do wéi en naasse Vull
a wäschs der Aarm a Fous
an d'Oueren fiers de och eran
tëschent all eenzel Zéif
wulls een, zwee Tier am Nuebel dran
an da fiers de méi déif.

Den Donst deen hellt der esou lues d'Vue
d' Waasser gëtt waarm dann kal
genéissen kanns de dat wäschen ni
a gëss de nach esou al.

Nach eemol schnell duerch d' Fuer gefuer
an dann gëtt oofgebraust
et ass genuch et geet elo duer
du bass dach net verjaust.

Du mëss d' Riddo op, o wat eng Keelt
wou ass dann déi zweet Schlapp
t'ass ëmmer eppes wat der feelt
wou has de erëm de Kapp?

Schnell agekugelt an en Duch
gedréchent riets a lenks
dann ass et dees eröm genuch
bis dass de mol röm sténks.

Februar 1996

<u>Was in der Zeitung steht......</u>

Jelzin gegen die Nato - Erweiterung
Irak droht mit Bombenterror
Probleme bei Koalitionsverhandlung
Europa hat Wasser im Motor.

Keine Einigung in Bosnien in Sicht
Italien geht wieder mal zur Wahl
mehr Arbeitsplätze gibt es nicht
und Arbeitssuche wird zur Qual.

Die Renten werden zum Problem
Herr Simitis geht auf Europatour (Präsident
Griechenland)
es kriselt in London und in Athen
Amnesty verurteilt die Tortur.

Ein Goldener Bär für Herrn Kazan (amerikanischer
Regisseur)
Samper denkt über Rücktritt nach (Präsident
Kolumbien)

und Südkorea droht Japan,
weil dies nicht hielt was es versprach (Streit über die
Tokido-Inseln).

Ein Tanker liegt vor Wales auf Grund
das Rettungsteam hat es sehr schwer
bei Ariane läuft alles rund
Abschussprobleme gibt's nicht mehr.

Bei der Handelskonföderation
da hat man eben festgestellt,
dass EU-weit, unsere Nation
in Punkto Umsatz fällt und fällt.

6 Wochen vor dem nächsten Gipfel (Turin)
befindet sich «Europe en panne»
man klammert sich an jeden Zipfel
damit «Maastricht» endlich leben kann.

Zum Abschluss des Fasten-Ramadan
gibt's Terrorakte in Algier
in Gabun gibt's Ebola Alarm
und Faschingsfeiern gibt es hier.

Vorfahrt missachtet bei Ingeldorf
eine Person ist leicht verletzt
2 Tote bei Mersch gab es noch
und Schneegestöber haben wir jetzt.

Das Luxemburger Kontingent
in Bosnien-Herzegowina
wird von über 20 Mann gestellt
das Bataillon heißt Beluga.

Vulkan-Belegschaft rast und tobt (Vulkan = Werft in
Bremen)
Eu will mehr Mobilität
Fein a Fair inseriert und lobt
Waren von prima Qualität.

Frau Veuve Rossi ist verstorben
76 Jahre war sie alt
der Flugschreiber bleibt ungeborgen
vor Puerto Planta, im fernen Land.

Ein Belgier schwimmt Weltrekord
Wiberg gewinnt die Kombination (schwedische
Sportlerin)
Maske schlägt Williams im Profi-Sport
und nimmt ihm die WM-Illusion.

Bayern verliert 1 zu 4 daheim
Girardelli ist ausgelaugt und schlapp
im Handball führt der Standard allein
Kasparow setzt Schach-Computer matt.

Das war die frohe Faschingszeit
in aller Welt und unserm Land

Alaaf, helau und sehr viel Leid
das war's was in der Zeitung stand.

20. Februar 1996

Ton image

1989. La Tunisie.
Les ruelles de la Medina
ä Sousse brouillaient de vie
et les innombrables bazars
craquaient d'articles en cuir et de tapis,
mais tout ce charme oriental
n'a pas réussi à chasser
ton image de mon esprit.

1990. La Crète.
La beauté de l'arrière-pays
et les plages avec leurs rochers
et leur sable à perte de vue
ne cessaient de m'ensorceler,
mais même cette félicité
n'a pas réussi à chasser
ton image de mon esprit.

1991. Ténériffe.
Le Teide avec ses champs de lave
domine ce petit paradis
aux multiples visages
sous le chant des canaris
mais même cette rare beauté
n'a pas réussi à chasser
ton image de mon esprit.

1992. Rhodes.
Couchée au pied d'un rocher grandiose
Lindos et ses ruines imposantes
constitue une des plus belles choses
de ma vie itinérante,
mais même ce charme particulier
n'a pas réussi à chasser
ton image de mon esprit.

1993. Lanzarote.
La mer perdait son bleu
quand le soleil se couchait
derrière l'horizon en feu
quand le jour fuyait,
mais même ce spectacle ineffable
n'a pas réussi à chasser
ton image de mon esprit.

1994. L'Algarve.
Farol, îlot minuscule à un jet de pierre
de la côte portugaise, qui me fit penser
aux débuts de la terre
tant de calme y régnait
mais même cette solitude
n'a pas réussi à chasser
ton image de mon esprit.

Février 1996

Gedanken op der rouder Breck

Do ënnen
Stinn Heiser wéi äus der Legoskëscht
Et sin Leit dran déi haut oder gëscht
Glécklech oder zefridden waren.

Do ënnen
As eng Strooss an eng Baach dernieft
Eng Kierch, en Tuerm, vläicht deen dee stieft
Dee kann sech um Kierfech erhuelen.

Do ënnen
Sin déi, déi mat allem zefridden sin
Déi eiwech perfekt, déi nët verstinn
Dass Du emol d'Härz kanns schwéier hun.

Do ënnen,
Liewen se all, d'Profiteuren an d' Egoisten
An si méngen all si missten
Mamm Kapp duerch d'Mauer.

Do ënnen
Si Gefiller déi muenchereen net deiten kann
Bestinn Zäertlechkeeten tëschent Frau a Mann
Ouni datt si mierken wat si hunn.

Do ënnen
Gett et vläicht keen deen kënnt soen
Datt e glécklech wier, an seng Froen
Interessei'eren esou wéi sou kee Mënsch.

Hei uewen
Stinn ech mat engem Beidel voller Gefiller
Ech sinn eleng a wat ech net verstinn
Dat ass dass den Hunn um Kierchtuerm
Ëmmer dat mécht wat de Wand wëllt.
An do ass d'Klatz a mengem Häerz
Déi mech lues a lues erdréckt.

Februar 1996

Indifferenz

De Jang an de Luc begéinen sech an der Uelzechtstrooss.

«Salut Luc» seet de Jang. «Elo sinn ech awer frou, dass mär eis gesinn. Ech hat schon probéiert bei Där unzeruffen, mäi däin Repondeur ass gelaf, an deen konnt mär nu wierklech net hëllefen. Ech hunn Problemer, Problemer an net ze knapps. Stell der vir, meng Fra, d' Yvette an ech haten virun enger gudder Woch Kaméidi, et war haart op haart gaangen a wou mer du fäerdeg waren huet hatt eist Lisa a seng siwen Saachen geholl an hatt ass bei seng Mamm gaangen. De ganzen Kaméidi war wéi ëmmer mat enger Dommheet ugaangen a jiddereen vun eis hat seng Portioun Schold un der Saach. Wou hatt an dat Kléngt do owes net heem schlofe komm sinn, hunn ech mer Suergen gemaach an ech wollt mat him schwätzen fir dass alles erëm an d' Rei soll goen. Mä, stell der vir, meng Schwéiermamm huet mer t' Dir net opgemaach an wou ech probéiert hunn fir unzeruffen, huet si gesot, d'Yvette hätt gären seng Rou an hatt wëllt net mat mär schwätzen. Du kanns der jo virstellen, dass ech do ausgeflippt sinn. Am Ufank sinn ech an der Wunneng ronderëm gelaf wéi aus dem Héischen an wou ech fäerdeg war sutz ech beim Bridi um Comptoir an hunn e Patt Rivaner nom aneren a mech eralafen gelooss. Wou de Bridi dunn zou gemät huet, sinn ech nach bis Feierowend bei de Portugis nieft dem Büro gaangen. Géint hallwer eng hunn ech do um Heemwee e puer Autoen am Metzerlach getéitscht. Ech weess nach, dass d'Leit op d'Dir koumen an op eemol waren d'Flicken do an hu mech mat an d'Kanalstrooss geholl. Du kanns der jo denken, dass ech de Führerschäin elo fir eng Zäitchen lass sinn. Mä dat deckt Enn koum nach. Stell der vir.............»

«Du Sau» sot de Luc. «Du bass ëmmer erëm gutt fir Schäiss ze bauen. Mee vergiess den Ried net. Waars Du e Sonnden op der Jeunesse? Do hues de eppes verpasst. 3 Goaler hu mer deenen Stater Aarschlächer eragesat. Du häss emol den Amodio, de Cardoni an de Morocutti missen an Aktioun gesinn. Zut, schonn hallwer sechs. Entschëlleg mech, mä ech muss nach séier an de Cactus. Ech ruffen der un, da kënne mer iwwer de Rescht schwätzen. Salut Jang...........! »
(Februar 1996)

<u>Les Turcs et les Grecs</u>

Les Turcs et les Grecs
se réclament une petite pierre
perdue dans la mer d'Egée
et à partir de La Mecque
les religions partent en guerre.

Un avion disparaît dans la mer
parce que l'amour pour l'argent
l'a emporté sur l'esprit
et que pas mal de gens
se foutent du destin d'autrui.

Février 1996

D'Pifffaass

De Piff dee sot zu sengem Faass
Ech hunn es elo genuch
Ech fueren gläich elo an d'Staat
Ech huelen deen nächsten Zuch.

Et gëtt bestëmmt ee Ministère
Mat Leit ouni Gehier
De Premier wier esou en Här
Ech stellen mech deem mol vir.

Am Hotel de Bourgogne ukomm
Gouf de Piff gutt empfaang
De Premier war wéi ëmmer domm
Mat Stëppelen am gaang.

Ah bass de do, et gëtt héich Zäit
Huet hien de Piff begréisst
Meng Matière grise an ech hunn Sträit
An d' Froen sinn ongeléist.

Hien huet de Piff an d'Ärm geholl
Sech an de Kapp gezunn
Seng Memoire war op een Zoch erëm voll
De Jean-Claude foung ze denken un.

Fir d'éischt gëtt rationaliséiert
Bei Good-Year, Arbed CFL
Fir dass keen déi Aktiounen stéiert
Hunn mir jo den OGBL.

De Glesener vum LCGB
Geet gläich elo an d' Pensioun
Deenen vun der CGFP
Huelen mär d' Perequatioun.

Mir mëschen eis an alles an
Maachen all Politik
Déi Rout schwätzen eis do net dran
Mär verdroen keng Kritik.

De Reha-Zenter kënnt op Hamm
Op Diddeleng kënnt hien net

An d' Nonnenspidool kënnt alles dann
Wat et haut nach guer net gëtt.

Der Grande Dame Erna Hennicot
Bauen mär e Concertssall
Fir Symphonie a Piano
Grouss Musek fir d'Leit all.

Déi Biller déi mer nach net hunn
Stellen mer op an enger Rei
D'Statuen kommen hannendrun
Am Musée vum Här Pei.

Den Hei Elei dat ass eis Welt
E Speache um ronnen Dësch
Och wann dat munchem net gefält
De Bokassa sinn ech.

Den Dreckstipp vun der Industrie
Deen kënnt elo op Esch
Op Mamer kommen, sollt hien ni
An deem Eck wunnen ech.

Ech sinn den Däumling um Parkett
Politiker mat Glanz
Ech fäerten och déi Gréissten net
Ech trëppelen s' op de Schwanz.

Ob Clinton, Chirac oder Kohl
All sinn se frou dass si mech hunn
Ech schaffen fir d'Weltwirtschaftswohl
Och wann ech Piff an der Schierbel hun.

Meng Vox dat ass d' Vox Populi
Hatt huet mech jo gewielt
An ieren doen ech mech ni
Wat ech gär hätt dat zielt.

Kee Bonaparte, kee Kennedy
Egal wéi si all heeschen
Kee Brand, keng Queen, kee Gadaffi
Kann mir jee d' Waasser reechen.

Ech schaffen grad elo am Moment
Un engem Projet drun
Ech bauen mär e Monument
Wou bis elo d'Charlotte stung.

Da wëssen d' Leit an dausend Joer
Dass dëse grousse Mann
Eist Lëtzebuerger Pifffaass war
Onstierflech sinn ech dann.

Bis dohin ass et nach plutôt laang
Ech hunn nach villes fir
Mat de Sozien gëtt ugefaang

Déi setzen ech virun d'Dir
D'DP flitt och, an dann déi Gring
Den NOMP den ADR
An dann gin ech nach vill méi king
Well dann sinn ech den Här.

Dat war elo, dat sollt se sinn
D' Geschicht vun engem Ass
Dee gären wollt e groussen gin
Mee Pifffaass bliwwen ass.

Februar 1996

De Mënsch aus Glas

Et war emol
T'ass ganz laang hier
E Jong deen d'Welt eroberen wollt
Matt jidderengem wollt hien schwätzen
Erzielen wat hien emol bedréckt
E wollt sech fräi an glécklech schätzen
All dat ass him net gegléckt.

Schonns an der Spillschoul steet eng Mauer
Déi d'Jongen an d'Meedercher trennt
D'Joffer läit dauernd op der Lauer
Fir datt si nëmmen gläich erkennt
Wann een vun der enger Säit
E Bléck eriwwer werft
Dé gouf gläich an den Eck gehäit
Dat huet hien béis genervt.

Frëndschaft dat ass Vergänglechkeet
Erfiert hien spéider wann
Verspriechen fir eng Eiwechkeet
Gemaach vu Mann zu Mann
Wéi Blosen an der Loft verginn.
Et bleift näischt méi dervun
A spéider géing een vill drëm gin
Dat net erlieft ze hunn.

Verständnis ass e ganz raart Déier
An all Mënsch hätt et gär
Emgoon dermat ass immens schwéier
A grad esou prekär
Well déi Problemer déi's Du hues
Just déi kann kee verstoen
Du kriss der nach derbäi op d'Nues
A solls nach Merci soon.

Vertrauen ass e ganz schéint Wuert
Net manner an net méi
Et ass eng grouss an däischter Nuecht
Et ass wéi naassen Schnéi
Am Däischteren do fënns d'et net
Oder Du kriss kal Féiss
Dat Onbestännegst wat et gëtt
A pecheg ewéi Kachkéis.

De Mënsch aus Glas ass Utopie
Do gëtt et keng Nuance
Deng Séil opmaachen solls Du ni
Dat bréngt der seelen Chance
Versich däi Lous am Greff ze hunn
1, 2 a fort et geet
Iergendwou kenns du ëmmer un
Mat dengem Beidel Leed.

Februar 199

De Rosch säin schéinsten Moment

De Rosch war säin Liewen laang e gottverdammten Dreemert. E konnt stonnelaang iwwer de Sënn vum Liewen schwätzen, sech deeglaang iwwert d'Natur, d'Blummen, d'Wolleken an alles wat en emgin huet freeën a wann en Zäit hat, dann ass en mat sengem Fotoapparat duerch d'Felder an d'Bëscher gaangen fir déi klengsten Detailer an der Natur ze fotograféieren an en huet ëmmer erëm festgestallt, dass et näischt méi schéins géing gin wéi déi ganz kleng Saachen fir déi een sech schon op d'Huppen muss setzen fir se iwwerhaapt ze gesinn.

An der Televisioun huet en mat Begeeschterung d'Biller gekuckt déi vun de Satellitten aus dem Weltraum iwwerdroen gi sinn an déi d'Äerd als eng kleng ronn Kugel duergestallt hunn, als e klénge bloe Ball an der Schwäerzt vum Universum. En huet d'Astronaute beneit, déi déi Vue konnten a Wierklechkeet erliewen, mee hien wosst ganz genee,

dass hien ni d'Chance géing kréien fir an enger Rakéit
den Himmel ze duerchreesen.

Enges gudden Daags huet hien an der Zeitung gelies,
dass eng Zigarettemark géing e Concours
organiséieren an dass den éischte Preis e Flug an
engem Fliger wier an deen deen wëllt, kéint dann och
mat engem Fallschierm aus 3000 Meter ofsprangen.

De Rosch huet seng Käertchen un déi betreffend
Firma agechéckt an enges gudden Daags krut hien
matgedeelt hien misst sech an enger Stater Klinik
mellen fir Gesondheetstester ze maachen. Wann hien
déi géing bestoen, huet d'Firma geschriwwen, dann
misst hien nach just eng Woch intensiven
Konditiounstraining maachen an da wier hien
schonns esou gutt wéi an der Loft.

De Rosch huet all seng Tester mat Brio bestaanen an
op eemol do stung en do um Findel virun engem
zimlech klenge Fliger an e konnt et nët erwaarden
dass d'Probelleren gingen ufänken ze dréinen.

Mat dréi aneren Gewënner, enger Dame vun der
Presse an engem ausgebilten Parachutiste ass hien op
d'Rees gaangen. De Fliger huet lues mee sécher un
Héicht gewonne an duerch déi oppen Dir ass déi
frësch Loft em an d'Gesicht geblosen. Ennen huet

d'Welt wéi am Liliputanerland ausgesinn. Déi eenzel Haiser sinn zu Miniaturen verschmolz déi déi flottsten Formen haten, mol ronn, mol eckeg, mol wéi en Tëntefleck oder wéi eng Drauf. D'Sonn huet sech am Waasser gespigelt, de Raps op de Felder war goldgiel, d'Wisen donkelgréng an kleng Wollekefatzen houngen hei an do an der Luucht. De Rosch war aus dem Haischen an en huet geduecht: «Wann's Du d'Welt vun ganz no oder vu ganz wäit kucks, dann gëtt et wierklech näischt méi schéins. Kuck's Du se awer aus der Héicht vun engem ausgewuessenen Mënsch, dann ass se op eemol vill manner interessant.»

De Rosch sollt als éischten sprangen. De Fallschirmsspezialist huet him nach e puer Tuyauen mat op de Wee gin a flupps goung et an de fräie Fall. Et war herrlech esou wéi en Här duerch d'Luut ze fléien, fräi an ongezwongen ze sinn, sech all d'Suergen aus der Séil blosen ze loossen an endlech de Steen net méi am Bauch ze spieren deen en soss heiansdo erdréckt huet.

D'Welt koum ëmmer méi no. «Vu ganz wäit a vu ganz no» huet de Rosch geduecht. «Méi Gléck wéi elo hunn ech nach ni empfonnt an ech wäert dat vläicht och ni méi erliewen»

Et war dem Rosch säin schéinsten Moment an sengem Liewen. Säin Fallschierm blouf zou an e puer Deeg méi spéit stoung an der Zeitung wat de Rosch dach fir e feinen Kärel war.

6. Mäerz 1996

Mon testament

Avant de mourir,
je ferai mon testament
pour garantir
que mon enterrement
soit digne de mon existence
et laisse à ceux qui restent
un souvenir d'aisance.

J'engagerai un ténor d'opéra
et un duo de chanteurs populaires
qui se présenteront là
pour chanter de grands airs.

La société funéraire
sera tenue d'écouter
ce récital
que jamais de ma vie
j'aurai pu apprécier
et au lieu de sombrer
dans l'oubli
ils se souviendront de moi.

Tandis que, dans le haut des cieux
sur un nuage minuscule
je chercherai le royaume des dieux
le petit groupuscule

réuni autour d'une main de poussière
qui subsistera de mon existence
maudira en secret et en colère
mon dernier désir,
une sorte de vengeance.

(No enger Iddi vum Werner Schneider, Kabarettist).

13 mars 1996

Si j'étais riche......

Si j'étais riche
je ne serais pas plus petit ni plus grand
ni plus beau ni plus intelligent
ni plus maigre ni plus sain
ni plus bête ni plus malin
ni plus paisible ou agressif
ni plus joyeux ou dépressif
ni plus débrouillard ou alcoolique
ni plus diplomate ni plus colérique
ni plus gentil ni plus bienveillant
ni plus égoïste ou charitable
ni plus libre ou impitoyable
ni plus sensible ou réticent
ni plus maladroit ou galant
ni plus frivole ou crédible
ni plus pinailleur ou pénible
ni plus attentif ou maniable
ni plus ordonné ou fiable
j'aurais peut-être une Buick
et sûrement pas mal de fric
mais dans mon for intérieur
je serais le même.

13 mars 1996

Reklame, Reklame.....

Onko Kaffee und Medinaid
Aralbenzin für alle Zeit
Windeln von Pampers für's kleine Kind
Oryzo Reis wenn Sie anspruchsvoll sind
Bier von Jever, Tampons von OB
Bravo von Fiat, Sharan von VW
Von Rotkäppchen soll Schampus sein
Bei Kopfweh hilft Aspirin allein
Und Rennie unterstützt den Magen
Damit Sie sich auch nie beklagen
Corega-Tabs für dritte Zähne
Da gibt's noch was gegen Migräne
Auch Wäsche ist erst richtig rein
Denn nicht nur sauber soll sie sein
Her mit Persil, dem weißen Riesen
Und sollten sie am Tag mal niesen
Muss Medi-Day das Leid bekämpfen
Granufink kann Blasenschwäche dämpfen
Haribo macht Kinder froh
Und Erwachsene ebenso
Flora-Soft gehört aufs Brot
Talidat hilft in der Not
Gegen Sodbrennen im Magen
Multi-Bionta in allen Lagen
Poly-Kur bringt Glanz ins Haar
Géramont schmeckt das ganze Jahr

Arno Gardienen sind die Besten
Und Frauen sollten Always testen
Schokolade von der lila Kuh
Der Bund fürs Leben, Daewoo und Du
Mit Wäsche nie wieder ein Problem
Bauknecht hat das Einspritzsystem
Swirl ist praktische Sauberkeit
Leben mir Spar für alle Zeit
Die Brille von Fielmann
Für die Frau und den Mann
Litamin, Signal, Dr. Oetker und Co
Twingo fahren muss man sowieso
Gegen Erkältung hilft immer Echinacin
Sir Irish Moos ist nur für Ihn
Gilette ist für das Beste im Mann
Und Ehrmann Joghurt macht dich an
Versicherung bei der Allianz
damit Du ruhig schlafen kanns
Tic Tac hat nur eine Kalorie
Die besten Suppen hat Maggi
Kinderriegel braucht die Welt
Reklame die dir nicht gefällt
Begleitet dich bei Rex und Co
Bei Stern Tv ist's ebenso.

Nimm's leicht und nutz die Werbepausen
Um Bier zu holen oder Brause
Erhebe dich, geh zum Klosett

Lies Zeitung oder iss Konfekt
Sieh nach ob's deine Frau noch gibt
Und frag sie ob sie dich noch liebt
Und ganz exakt zum Filmbeginn
Siehst Du wieder zu der Glotze hin.

14. März 1996

Op der Schoulkommissioun

Blau's Jang de schwätzt, d'lauschtert keen no
De Lou deen as och schon erëm do
Hien kënnt all Dag fir hei ze schäissen
An eis all d'Nerven ze zerräissen
De Mil deen pootert mam Astrid
An d'Änder kënnt, hatt as nach midd
Den Telefon schellt: « Wou as de Jang? »
Hien as nët hei, wou as en dann?
An d'Monique jäitzt ewéi um Spiess
Hatt bräuch ganz schnell den Aluis
De Jemp sëtzt hannenaus beim Fred
Bis dass et op de Kaffi geet
Elo kënnt de Chef, jäitzt: « Salü Hinger »
Déi soen: « Haal de Baak, soos gi mer

Den harcèlement sexuel vun Där
De mellen mär beim Lydie Err»
Am Gank do steet e Yougoslav
En as esou breet ewéi e Schaaf
D'Astrid daat mellt séng Kanner un
Den Telefon schellt hannendrun
A well keen gären telefonéiert
An séch un deem Gebimmels stéiert
Kann e ganz einfach weider schellen
Bis dass déi Leit séch nach emol mellen.

Eng classe wellt an de Musée fueren
Obschons mär längst schons missten spueren
De Fred bestellt eng Copieuse
De Jang deen mécht hien ganz nervös
De Kreitz well dausend Kopien maachen
De Martin zielt Pointen fir ze laachen
An d'Fernande steckelt duerch de Gank
D'Claudette rifft un, hatt wier haut krank
Et kennt eng Mamm déi reklaméiert
Dass een hir Kanner schikanéiert
Da rifft en un fir Soissons Rob,
D'Rica verbennt, et hieft keen op
D'Edith daat leit hei op der Lauer
Wou as den Ziedel vun der Auer?
A wann's de méngs « Alles OK »
Kennt d'Van den Bosch's, o jemine
D'Anita zielt hannen äus dem Jang

Wéini hien séng Hecken planzen kann
D'Rica kopéiert grad eng Lëscht
D'Maschin bleift henken, waat eng Mëscht
Et geet op Feierowend zou
An d'Leit déi kommen lues zur Rou
Gebädgt gët nach an schnell eraus
Aus desem ausgeflippten Haus
Daat as d'Ambiance, daat as den Toun
Sou as et op der Kommissioun.

25.03.1996

Wann s du als Puer.......

Wann's Du als Puer keng Vergaangenheet hues
Kanns Du och ni eng Zukunft hunn
Eng Partnerschaft wiest lues a lues
Fänkt net eréischt mat 50 un.

Wat brauch ech dann zu mengem Gléck
Wäert's Du mech dann elo froen
Ech iwwerleeën an denken zréck
A kann Där dat gläich soen.

Et ass wéi wann's de eng Taart géings baken
E gudde Brood, eng gutt Paschtéit
Du brauchs dofir eng Rei Zoutaten
Fir dass déi Saach der gutt geréit.

Du brauchs eng Tranche Gedold a Freed
E Gräppchen Léift an Toleranz
Fir dass ëmmer alles gutt leeft
Brauchs du e Kraut geint d'Arroganz
Mësch e bëssen Witz mat Optimismus
Ausdauer, Wäitsiicht a Respekt
Gefill fir Konscht mat Humanismus
Dann ass déng Medizin perfekt.

März 199

Meng Fee.........

Ech stellen mer vir, dass ech iergendwann
an der Nuecht plëtzlech erwächen
do kennt eng Fee zur Kummerdier eran
an ech denken: «Elo muss de blechen,
fir all dat Leed, déi trouschtlos Stonnen,
fir all déi Tréinen an Suergen héich zwee,
fir all déi Blessen, Knuppen a Wonnen,
déi's Du hannerléis op dengem Liewenswee.»

D'Fee hellt meng Hand a kuckt mech un
mat Aen voller Glanz;
an da fänkt si ze schwätzen un
vu Gléck an Toleranz,
si schwätzt vu Frëndschaft, Léift a Sënn,
vu Leit déi ee verstinn,
an dann behaapt si, richteg Frënn
deer géingen et nach gin.

«Ech hunn geschwat, et ass un Där »
huet meng gutt Fee gesot,
«ech sinn bereet an héieren gär
wat fir eng Suerg Dech plot,
wéi eng Gedanken maan Dech verréckt
bass Du onglécklech hei?
So mär elo wou de Schong Dech dréckt
ech kréien dat an d'Rei. »

Dréi Deeg souzen mär beieneen
ech hunn geschwat ewéi e Floss
et war mer richteg angeneem
well wien huet sech scho soss
esou vill Zäit fir mech geholl
wien hat scho jee probéiert
wien hat e Fangerhittchen voll
vu menger Séil kapéiert?

Ier si do goung, hat ech dréi Wënsch,
déi si mär wollt erfëllen,
ech wosst direkt, ewéi e Mënsch
fir mech ganz vill géing gëllen.
«Maach d'Liliane frou», hunn ech gesot
«an gëff de Kanner Gléck,
maach dass vun hinnen ni ee klot
a komm geschwënn nees zréck»

25.03.1996

<u>Meng Mamm, e puer Gedanken..........</u>

Ech hunn mech laang virdrun gezunn
fir eppes iwwert sie ze schreiwen,
elo gin ech mech dann awer drun,
probéieren fir an e puer Zeilen
dat auszedrécken wat ech fillen;
ech leien vläicht net ëmmer richteg
well meng Gefiller mat mär spillen
an si beschäftegen mech ganz dichteg.

Sie huet méi gemaach wéi si konnt
mä d'Boom huet mech erzunn
fir déi hunn ech och méi empfonnt
all aner Ausso wier gelunn.
Meng Boom huet vill méi reng gefillt
war enorm léif mat mär
mat hier hunn ech meeschtens gespillt
bei hier war ech ganz gär.
Mat hier sinn ech op de Kierfecht gaang

a bei de Bauer Mëllech sichen
si huet mech ëmmer gutt verstaan
no der Schoul soutzen mer an der Kichen
hunn d'Aufgaben doheem gemaach.
Sie war e gudden Léiermeeschter
mär hunn geblödelt a gelaacht
iwwer Münchhausen an béis Geeschter
a war den Dag erëm gelaf
war et Zäit fir an d'Bett ze goen
huet si mär déi néideg Rou verschaaft
ech hunn déi Fra ni héieren kloen.

Meng Elteren goufen fréi gescheet,
meng Mamm ass schaffen gaang
si huet ganz vill fir mech gemeet
si huet sech jorelaang
geplot fir dass ech all dat krut,
wat och déi aner haten,
soutz an der Nuecht nach bei der Luut
fir Seem an Fléckaarbecht ze maachen
un deem Gezei dat d'Leit hier bruecht hunn
si huet esou schwaarzt Geld verdingt
si war seelen frei, blouf ëmmer drun
e schéint Liewen war dat net onbedingt.

Sonndes si mär spadséieren gaang
mat Noopeschkanner äus der Strooss
déi Tier déi waren flott awer laang

56

mee d'Freed déi huet eis ni verlooss
d'Kilometeren hannert eis ze bréngen
ech war frou bei menger Mamm ze sinn
déi huet méindes erëm misse Geld verdéngen
vill huet se's den Affekoten gin.
8 Joer huet d' Scheedung gedauert
et gouf vill knaschteg Wäsch gemaach
an ech hunn schon ganz oft bedauert
dass meng Elteren, an hirer Lag
sech net am gudden konnten trennen
a Krich gefouert hunn;
et kann een dat net anescht nennen
a vill hat schliisslech keen dervun.

Ech sinn gewuess a goung mäin Wee
a koum nom sechsten Schouljoer
op Esch an d'Schoul an am Lycée
war mär am Ufank kloer
dass ech net wéisst wat ech géing wëllen
an et war och kee Mënsch do
deen meng Wëssensgier konnt stëllen
an hat ech emol eng bestëmmten Fro
wat een am Liewen esou kënnt gin
hunn ech mer d'Äntwert missen denken
an dunn hunn ech eréischt agesinn
dass keen mäin Wee kënnt lénken.

Meng Mamm déi krut eng Epicerie
mat mär léieren konnt esou wéi sou keen
ech hunn mech foutéiert a war bal ni
virbereet fir an d'Schoul, well doheem
hunn ech all Zocht vu Quatsch gemaach
Musek gelauschtert a Bravo gelies.
Dass iergendenger gudden Daags
d'Liewen géing eescht géing, hat ech vergiess.

Wou ech dunn déi éischt Fréndinnen hat
do goung de Misär lass
meng Mamm déi sot mer ganz entsat
ech hätt wuel an de Kapp geschass
fir mech mat «esou eppes» ofzeginn
si huet sech gedréint a gekéiert
bis d'Fréndschaften Zu Enn gaang sinn
an si huet sech net genéiert
fir d'Elteren vun deenen eenzelen unzeruffen
an ze soen ech bräicht wierklech meng Rou
ech hätt keng Zäit fir ze verpuffen
mat hirer dommer, blöder Kou
ech hätt vill Aarbecht, ech misst léieren
a wann ech am Lycée duerchfalen sollt
hunn d'Leit sech missten unhéieren
da wier dat eenzeg an eleng hier Schold.

Ech war menger Mamm hir «chasse gardée»
hiren Besetz an hiren Sklav

war ech op hirer Linn, war alles ok
wann net, war ech net brav
si huet sech an alles eragemescht
iwwerall wollt si matschwätzen
Positives gouf oft bei hir zur Mëscht
si wollt sech mat mär meeschtens bretzen
wollt weisen, dass si et fäerdeg bruecht hätt
eleng e Kand ze erzéien
dat keng Feeler, nëmmen Qualitéiten hätt
dat si nimools géing beléien
eng réussite sur le plan éducatif
eng Schabloun nëmmen sollt ech sinn
déi Iwwerleeungen waren wierklech naiv
wat si wollt sinn ech nimools gin.

Hat si Loscht ze kafen, dann huet si och kaf
ech krut wat ëmmer SIE och wollt
Hunn ech eppes gebraucht, da war si oft daf
oder si huet einfach fonnt
dass dat wat ech wollt hier net géing gefalen
a well hiren Goût iwwer alles zielt
huet si virgezunn hir Suen ze halen
well deen och bestëmmt deen schlussendlech bezilt.

Ech hunn mol eng Kéier eng Box gebraucht
an hunn dunn e Blouson kritt
meng Toleranz ass elo verbraucht
an ech sinn es ee fir alle Mol midd

fir mech wéi e Strichjong kafen ze loossen
ech maachen dat schonns vill ze laang
a well et an Zukunft ënnerloossen
fir fräi ze sinn muss ech dat maan.

Mol besuergt, mol tolerant
mol ganz douce, dann aggressiv
mol en Tollpatsch, mol galant
mol ganz frou, mol depressiv
seelen léisst si d'Mask falen
nimools an de Aarm huelen
mëss de hir e Gefalen
freet se « Wat muss ech bezuelen?

Ech weess net wéi en dat soll beschreiwen
wat ech fir meng Mamm empfannen
et ass mer schwéier fir fair ze bleiwen
ech kommen mer fir ewéi e Blannen
deen wuel eppes spiert mee näischt gesäit
a wann en e Steen duerch d'Luut geheit
net weess worëmmer a wéi wäit
de Steen flitt, a wou e leien bleift.

Meng Mamm an ech – dat war ni Sentimentalitéit
et war éischter en Team, eng Mamm e Kand?
et huet sech bei eis vill em Geld gedréit
dat ass gereest vun Hand zu Hand
an ech mengen de Fric hätt a munchen Stonnen

eis Beziehung staark predominéiert
en huet eis op all Fall verbonnen
och wann déi Asiicht mech immens stéiert.

Elo ass si krank, an ech wënschen mär
an hir och, nach vill Joren Liewen
well iergendwéi hunn ech si gär
an et wier e Choc fir mech, misst si stierwen
mee e bëssen méi Rou soll si mär schonn loossen
ech si jo kee Kand méi, ech hoffen mol net
dat Beschnoffels a mengem Liewen iwwer all
Moossen
dat ass mat dat lästegst dat et gëtt.

27.03.1996

Ech haassen...........

Ech haassen all Zocht vu Rassismus
a wann een Mënschen op Mënschen hetzt,
verdamen all dommen Patriotismus,
a wann een sënnlos Leit verletzt.

Ech sinn géint d'Nationalitéiten
déi d'Welt an Tiräng aklasséieren
all déif reliéis Communautéiten
déi Leif a Geescht net respektéieren

Et däerf net sinn dass Mënschen stierwen
mat Kräiz an Bibel an der Hand
ech fannen dass e Mënscheliewen
méi wäert ass wéi all Gott, all Land.

Ech sinn géint reliéisen Wansinn
géint Andeelung a Faarf a Rass
géint Kämpfer a mudschaheddin
all Sektentum an all pafeg Mass.

Ech kämpfen géint d'Intoleranz
fir d'anhalen vum Mënscherecht
géint all politesch Arroganz
géint d'Ënnerdréckung beim Geschlecht.

Ech well dass d'Mënschen erëm Mënschen sinn
ech wënschen mär e Schlaraffeland
a weess dass et dat ni ka gin
well d'Welt ass anescht agestallt.

02.04.1996

Ech hunn Gebuertsdag.....

43 Joer wurschtelen ech op der Welt erëm
ech sinn méi fett gin, mee ech war nach ni dënn,
an obschonns ech e Joer weider um Bockel hunn
ass nach ëmmer alles d'selwecht wéi virdrun.

Ech sinn um 6 Auer opgestaan
fir op d'Toilet ze goen an mech fäerdeg ze maan.
Géint 10 vir siwen hunn ech d'Auer gedréckt,
mäin Server mat enger neier Kassette besteckt,
um hallwer néng huet meng Mamm ugeruff,
si huet keen Holz, t'ass kal an hirer Stuff.
D'Anita hat Kaffi preparéiert,
deen drénken ech elo, en ass nach temperéiert.
D'Liliane kënnt a wënscht mär vill Gléck,
hatt gëtt mär e Cadeau, ech gin bal verreckt,
a véier Beesen krut ech vum Lil
ech kann nëmmen soen, et war keng ze vill.
Dunn hunn ech e Bréif fir de Jang gesicht,
an ëmmer erëm hunn ech dertëschent gedicht
well ech genee um Dag vu menger Gebuert
wollt nidderschreiwen an e puer Wuert
wat haut dann alles esou geschitt.
Ech sinn net méi waakreg an net méi midd
net méi ellen an och net méi schéin wéi nach gëscht
ech maachen net méi an net manner Mëscht
wéi déi aner Deeg, ech hunn just e Joer méi,

ech sinn net méi labber an och net méi zéi
ech sinn net méi kleng an och net gewuess
fueren net méi schnell Auto an och net méi lues
ech sinn net méi clever am och net méi domm
haassen de Reen an ech flippen op d'Sonn
a meng Igelen um Pult erënneren mech drun
dass ech e Cadeau krut an e Joer weider hunn.

03.04.1996

<u>Einmal werde ich gehen.......</u>

Einmal werde ich gehen müssen,
das Auto wird in der Garage bleiben,
ich werde nicht mehr weiterschreiben,
ich werde die Sonne nicht mehr sehn,
werde nie mehr durch den Regen gehn,
manche Bücher bleiben ungelesen im Schrank
und die vielen Fotos an der Wand
werden stumme Zeugen meines Lebens sein.
Ich lasse dann all die allein,
die mich auf meinem Lebensweg begleitet haben,
die mich mochten, mich verstanden und mir Trost
gaben
wenn die Welt für mich in Scherben lag.
Ich werde gehen und an jenem Tag
werde ich an meine Kinder denken
und an die Frau, die sie mir schenkte.
Erinnerungen werden meinen Abschied begleiten,
an mein Leben mit Liliane, an jene Zeiten,
wo das Glück noch zu meinem Leben gehörte;

schade nur, dass Alkohol alles zerstörte.
Vielleicht werde ich in guter Erinnerung bleiben,
vielleicht wird man mir auf den Grabstein schreiben:
« Hier liegt ein Mann, der immer dann,
wenn es ihm zu gut ging zu spielen begann,
wenn alles um ihn herum gut lief
riskierte er alles und fiel stets tief,
auch wenn es ihn nun nicht mehr gibt
vergesst nicht ihr drei, euch hat er geliebt.

02.04.1996

Eng Woch Vakanz mat eisen zwee

Eng Woch Vakanz mat eisen zwee,
dat huet mer einfach gutt gedon,
et war alles super an okay,
méi kann ech vun deenen Deeg net son.

De ganzen Dag bei hinnen ze sinn,
vu moies fréi bis owes spéit,
mat deem Gefill, datt si mech verstinn,
a lauschteren op meng eenzel Réit.
An dass ech all Dag d'Gefill hat
si sinn nawell gären mat mär zesummen,
dat huet mer immens Freed gemaach
t'war méi schéin wéi déi schéinsten Blummen.

D'Carole ass voller Jux a Freed
et geckst, et uuzt, mécht gären Spaass,
d'Carine huet gären Zäertlechkeet,
an Sportsgeschäfter gëtt hatt schwaach.

8 Deeg eräm zwee Kanner ze hunn,
déi nawell ganz gutt geroden sinn,
ech denken gären zréck dorun,
an hoffen, dass et där Deeg nach emol gin.

Wann ech un déi Vakanz mat dem Carole an dem
Carine zu Torremolinos zréckdenken, da kann ech

nëmmen zefridden sinn. Ouni, dass iergendeen vun eis sech hätt missen extra ustrengen fir mat dem aneren eens ze gin, hu mer eis einfach gutt verstane. No all deem Gemechels vun deenen leschten Méint, war ech gespaant wéi mer eis verdroen géingen. Ech hat immens Erwaardungen an déi Vakanz gesat, well et ass jo alt wichteg op een sech mat senge Kanner versteet oder net. Déi Erfarungen, déi ech mat hinnen gemaach hunn, kënnen mäin Selbstvertrauen nëmmen stäerken an dat ass eppes wat fir mech extrem wichteg ass.

23.04.1996

Verdréinen, verdréinen........

Een deen alles well verdréinen,
deen seet hei wann en do soen soll,
deen mëscht d'Strenz eidel platz voll;
sees Du lénks da seet hien riets,
mengs Du eng Boun, versteet hien eng Iets;
sees du ronn, seet hien oval,
bass Du granzeg ass hien jovial;
stells Du emol eng harmlos Fro
schléit déi him gläich op de Mo,
alles gëtt gedréint, gekéiert
bis dass et him erëm konvenéiert.
Wëlls Du goen, bleift hien stoen,
wëlls Du feieren muss hien kloen,
wëlls Du Fridden, well hien Sträit
ech kann der soen Du bass gehäit
et an déer Ambiance auzehaalen;
et ass besser mam Hënner an e Cactus ze falen.

Dat wat's Du haut erziels, kriss de muer
reprochéiert,
net wéi's Du et sos, neen, verdréint an verkéiert,
aus engem «Jo vläicht» gëtt e ganzt däitlecht «Jo»,
aus engem Zéien am Bauch, gëtt en Péng am Mo;
sees de «Ech hunn keng Loscht fir dat haut ze
maachen»,
gëtt geäntwert: «Fir déi aner mëss d' all onméiglech
Saachen»,
ruffen d'Kanner net un, gëtt gesot « Dat ass wéinst
dem Soff »,

hues De d'Flemm gëtt gemengt: «Du hues net
genuch Sauerstoff»;
gees De op d'Mansard sëtzen fir deng Rou mol ze
hunn,
muss de schonn erëm fäerten: «Elo kennt hien
hannendrun»;
mat dénge Kanner eleng sinn gëtt zur
Onméiglechkeet,
well hien oppasst dass him nëmmen näischt entgeet.
Hien schnoffelt an dengem Portmonni erëm,
wëlls D' eppes selwer maachen, hien këmmert sech
drëm,
déng Eurocard leit ni do wou si soll,
Du fills Dech iwwerwaacht, ënner totaler Kontroll,
keefs De eppes gëtt gefrot: «Wou kënns Du un dat
Geld?»;
em Gottes Wëllen, Du séitz dach gutt an engem Zelt
do uewen op der Grenz, hannen am Ellergronn,
do bräichs De wierklech net fir all Stonn
vun deem wat's De méchs Rechenschaft oofzeleen
an et géing kee Mënsch permanent un Där seen.

10.04.1996

Meng Sprooch

Wann ech esou meng Gedichter schreiwen,
da fannen ech et schued,
wa Feeler an den Texter bleiwen,
well keen mär bäibruecht huet
wéi ech a menger Heemechtssprooch
korrekt a richteg schreiwen kann;
dat Wëssen dat leit bei mär brooch,
do kann ech net vill maan.

Esou geheien ech mat der Sprooch em mech
ass dat Wuert falsch oder korrekt?
schreift een elo Dösch oder vläicht Dësch?
ech weess et leider net.

Schreiwen ech uneneen oder soll ech trennen?
wou kennt elo en Akzent hin?
fir mech ass schwéier ze ergrënnen
wéi d'Wieder richteg geschriwwen gin.

Sou fëllen ech d'Säiten noeneen
an hoffen dass all Mënsch versteet,
wat ech well soen, dass jiddereen
bekäppt em wat et schliisslech geet.

21.05.1996

<u>Tempo 30</u>

Géint t'Dommheet as kee Kraut gewues
dofir fueren mär ëmmer méi lues.
Du hues besser zu Fouss duerch Esch ze goen
wéi Dech mam Auto an den Gaassen ze ploen.
Elo sin endlech genuch Parkplaatzen do,
mee Auto fueren get ëmmer méi schro;
waat as et dach schéin an d'Belle Etoile ze fueren,
Du bass schnell do an ouni Suergen
Däin Auto ze téitschen op all dénen Knuppen
déi an Esch äus all zweet Strooss erauskucken.
Do kanns Du virum Geschäft stoen bleiwen
an brauchs deng Nerven nët opzereiwen
an knubbelegen Gässelen mat Rietsvirfahrt
esou guer Saackgaassen gin zu Haptstroossen
gemach
äus engem Boulevard get erëm eng Strooss,
déi gët zum Wee veréngen gelooss,
äus engem Wee get erëm e Paad
an daat alles an enger « seriöser » Staat.

Plastikskiwelen maachen d'Stroossen schmuel,
mat Waasser geföllt, bannendran sin si huel,
Betonsklëtz, ronn oder eckeg, sollen d'Autoen
zwéngen
méi lues ze fueren, an een vun de Gréngen
fuerdert als Präis fir een eenzege Liter Bensin
100 Frang et kinnt och eppes weider sin,
a weem verdanken mär des Situatioun?
eiser leiwer schwaarz / rouder Koalitioun.

Wann d'Politiker denken, dann denken si gring,
wéi wann et keng aaner Zocht vun dénken ging gin,
a fueren si mat hiren Karossen duerch Esch,
da kucken si graad esou domm äus der Wesch,
wéi déi Leit deenen hir Stëmmen si wëllen,
fir weidere Chaos orchestréieren ze kënnen.
Ech sin ganz d'accord, an all Quartier Tempo 30,
dernieft Stroossen fir ze fueren, nët rasant awer
flësseg,
mee an Esch kënnt entretemps all Chauffeur sech vir
wéi wann en nët wellkomm a gär gesinn wier.

Wéi wier et dann mat dëser Propositioun:
Esch kritt en neit Image, eng nei Traditioun,
keen Auto méi därf an déi helleg Stadt fueren,
kee Mënsch méi muss sech iwer nei Parkingen
suergen,
d'Pecherten gin an t'Emweltamt détachéiert

an mat der Kontroll vun de Poubellen chargéiert,
t'Autoen bleiwen an den Nopeschgeméngen stoen,
déi kënnen sech dann mat de Falschparkerten ploen,
duerch « Esch, la Verte » kënnt een just nach zu
Fouss,
mam Velo, mam Bus, daat gëllt fir kleng a grouss,
och mam Rollstull kann een sech déplacéieren,
kleng Kanner kënnen vun hirem Dreirad
profitéieren,
déi méi Grouss fueren mat hiren Roller-Skates,
emweltschounend duerch d'Uertschaft, maacht Iech
äus de Féiss,
op d'Stroossen gin Bakken mat Blummen gesaat,
äus alle Parkplaatzen gin Terrassen gemaat,
e Musée mat Verkéiersluuten erënnert drun,
dass déi Escher et besser wéi fréier hun,
wou si baal am Verkéier sollten erstécken,
t'Vullen sin frou, an t'Beien, an t'Mécken,
an t'Beem déi wuessen duebel séier,
d'Loft as réng, an nët esou schwéier
mat Blei an Oofgaasen verpäscht
ech fréen mech op en autofräit Esch.

21.05.1996

Voie sans issue......

Elle te pourrit le sang dans les veines,
elle te coupe le souffle, elle t'affaiblit,
elle t'abat, te ronge et elle te peine,
ton teint tourne au pâle, ensuite au gris.

Elle te prive de toute joie d'exister,
ta vie paraît sans lendemain,
elle s'acharne sur toi comme un meurtrier,
et la mort te tend la main.

Elle résiste à la plupart des médicaments
pour montrer à l'homme son infériorité,
elle te prend toute notion du temps,
te détruire semble la régaler.

Elle te cloue au lit, elle veut t'amocher,
le plus souvent elle y parvient,
et je suis là à te regarder
les mains liées devant le mal qui te tient.

La chimio te fait perdre les cheveux,
ta peau se dessèche, tu te sens hideuse,
tu perds l'étincelle si propre à tes yeux,
et je vois combien tu es malheureuse.

Tu me regardes comme si tu te demandais
combien de fois encore on pourra se voir,

nous savons que les moments sont comptés
qui nous restent avant l'ultime au revoir.

Au lieu de pouvoir jouir de ta pension,
que tu avais tellement bien méritée,
tu dois subir des traitements
dont j'ignore s'ils vont t'aider.

Elle te tient comme une pieuvre,
cette longue et douloureuse maladie,
fièvres, vertiges, faiblesse, elle fait son œuvre
et peu à peu elle t'enlève ta vie.

22.05.1996

Féiwer

Wéi Héichwaasser klëmmt d'Hëtzt an d'Baken,
Du mengs si hätten 1000 Grad,
et kéint een Zillen op en baken,
an d'Féiwer sicht sech lues säin Pad.

D'Oder am Hals fänkt un ze klappen,
de Kapp deen deet elo och schon wéi,
Du géings e gär an d'Waasser zappen,
Deng Aen blénken ëmmer méi.

Et gëtt vill Leit déi ganz béis krank sinn,
un déi hues Du net oft geduecht,
un all déi Qualen déi si ausstinn,
vill méi wéi Féiwer – dat Dag, an Nuecht.

Maach Där e Stëppchen a lee Dech flaach,
Du wäert s gesinn et wäert gutt goen,
an muer ass erëm en neien Dag,
wou d'Féiwer Dech wäert manner ploen.

31.05.1996

Eng Mansardsfënster

Eng Mansard héich uewen am Dag,
wunnt e Portugis do oder e Jugoslaw ?
ass et engem Kand säin Paradies ?
oder ass et ganz einfach eng Remise ?
ass si eidel oder ass si miwweléiert ?
sinn d'Maueren plakeg oder tapezéiert ?
wunnt eng Famill do mat dräi Kanner ?
op 15 m^2 oder nach manner,
geet een do sengem Hobby no ?
ech stellen mär si oft déi Fro,
wann ech esou duerch d'Stroossen gin
an all déi Mansardsfënsteren gesinn.

01.06.1996

De Jim

De Jim trëppelt duerch d'Uelzechtstrooss. Säit seng
Frau dout ass, hëlt hien bal all Dag de Bus fir erof an
Esch ze kommen. Séng Kanner sinn schon laang
bestuet an si sinn net am Minett bliwwen. Dat eent
wunnt am Eisléck, dat anert op der Musel. Et kënnt
ganz sielen fir, dass hien si gesäit. Aus hiren Vakanzen
kritt hien e puer Mol d'Joer eng Kaart mat engem
schéine Bonjour a fir Pappendag kommen si dann bei
him doheem laanscht fir him eng gutt Fläsch, eng CD
oder e Buch ze schenken. Méi Kontakt huet hien net
méi mat hinnen. Am Laf vun de Joren huet jiddereen
säin Wee gemaach an et blouf net méi vill Zäit fir sech
nach oft ze gesinn. Am Ufank ass nach oft mateneen
telefonéiert gin, mee och dat huet lues a lues ofgeholl.
De Jim ass awer net rosen mat sngen Kanner, si sinn
verstänneg an seriö, si hunn no hirer Schoulzäit eng
gutt Aarbecht fonnt, et geet hinnen finanziell net
schlecht an hir Partnerschaften schéinen och ze
funktionéieren.

De Jim kennt d'Uelzechtstrooss auswenneg. Hien wees wivill Pottoen do stinn, hien kann d'Geschäfter opzielen wéi si der Rei no vun ënnen vun der Stadhausplaz bis uewen bei den Theater hin kommen, hien weess wéi eng Leit wéini hir Kommissiounen maachen, wéini d'Gemengenaarbechter d'Strooss botzen an hien kennt esou guer eng ganz Parti vun den Meedercher déi an deenen verschiddenen Butteker schaffen. Vill vun hinnen soen him « Bonjour» wann hien laanscht d'Dir tréppelt an si froen hien op et him gutt géing goen oder si wënschen him e schéinen Dag.

De Jim tréppelt duerch d'Uelzechtstrooss. D'Leit sinn haut méi presséiert wéi soss. Jooraus, jooran fënnt hien alt ëmmer deen een oder deen aneren mat deem hien e puer Wuert kann schwätzen, eng Taass Kaffi kann drénken oder sech einfach op eng Bänk kann sëtzen fir den Leit nozekucken. Haut ass dat alles anescht. D'Leit sinn presséiert, si lafen dorëmmer wéi wann si virum Weltënnergang nach séier eppes missten an d'Rei maachen. Si lafen laanscht hien, wiesselen iwwert dem goen e puer Wuert mat him, an fort sinn si.

Uewenaus op der Brillplaatz ass Maart. Hien geet laanscht all déi schéin Stänn mat deenen blénkegen Saachen, et richt no Eisekuchen, no Käschten, no

Thüringer an Fritten. Et gëtt fréi däischter ëm dës Joreszäit. D'Stroossen sinn wonnerbar beliicht an et gesäit aus wéi wann dausend Stären tëschent den Heiserschluchten géingen blénken. Iwwerall sinn Leit, mee dat hëlleft dem Jim net ganz vill, well hien ass eleng, a wann hien all déi Leit ronderëm sech gesäit, déi sech fläissen fir alles fir haut den Owend anzekafen, dann fillt hien sech nach méi eleng. Hien denkt un all déi Feierdeeg, déi fréier bei him doheem am kléngen Familljekrees gefeiert gi sinn an et geet him e Stach duerch d'Häerz wann hien sech un déi Wäermt vun deenen Momenter erënnert. Mee d'Zäit vergeet an de Krees vun deenen Mënschen bei deenen hien sech wuel gefillt huet ass ëmmer méi kleng gin, an haut tréppelt hien eleng duerch Esch. Hien hat och eng oder déi aner Frëndschaft an sengem Liewen, mee et war leider keng vun laanger Dauer an hien weess bis haut nach net op et un him oder un deenen aneren lung dass déi Kontakter lues a lues ofgebrach sinn.

De Jim bleift bei enger Bud stoen an e keeft sech eng Kotlett mat enger Fläsch Béier. Et ass kal, um Radio hunn se de Moien Schnéi gemellt. D'Kanner hunn Vakanz an si géingen sech bestëmmt freeën wann si mam Schlitt kinnten fueren, denkt de Jim. Wou hien kleng war ass bal all Wanter Schnéi gefall. Haut kënnt dat éischter rar fir.

Et fänkt un däischter ze gin. De Jim mëscht sech op den Heemwee. Beim Kill keeft hien sech zwou Rieslingspaschtéiten, déi hien den Owend mat enger Fläsch Bernard Massard, wëll iessen. Op der Televisioun weisen se den üblechen Feierdaagsprogramm, Filmer déi an der zinkter oder zwanzegster Widderhuelung gewisen gin. De Jim wäert fréi an d'Bett goen. Wéi d'lescht Joer schon an eng ganz Rei vu Joren virdrun.

Op der Bushaltestell stinn ganz vill Leit. Déi meescht sinn mat Päck an Tuten belueden an si sinn all presséiert fir ganz séier heem ze kommen. De Jim hätt jo alt déi beschten Zäit, mee an enger Stonn ass keen Mënsch méi an Esch. Zéng op sechs fiert de Bus. En ass gerammelt voll. D'Mäntel an d'Anoraken vun de Leit raschelen wann si sech beweegen. Hannen am Bus zielt e Meedchen, dass hatt den Owend doheem misst bleiwen. Et ass net zefridden, hatt wollt léiwer an d'Disco goen. Eng Fra seet si géing den Owend mat hirer Famill iessen goen, si hätt keng Loscht sech déi vill Aarbecht ze maachen fir ze kachen. Hir Nopesch seet, bei hier wier et Traditioun doheem ze feieren.

De Jim ass ukomm, hien klëmmt eraus.

Et ass Reveillon.

12.06.1996

Déi eng déi stierwen....

(Fräi no dem Lidd «Der eine stirbt» vum Adamo)

Déi eng déi stierwen op der Strooss,
si bludden aus nieft engem Bam,
déi aner drénken ouni Mooss
oder gin zu Grond am Drogenwahn.

Déi eng déi stierwen ouni Grond,
et weess kee Mënsch firwat genee,
et huet een si op der Strooss fonnt,
eng Kugel war op hirem Wee.

Déi eng déi falen riicht an d'Mir,
well hiren Fliger d'Héicht net hält,
déi aner hunn net emol eng Schmier,
erhéngeren ënnert den Aen vun der Welt.

Déi eng erschléit eng harmlos Kränkt,
et ass keen Dokter wäit a breet,
et gëtt néirens e Medikament,
t'steet kee Spidol fir si bereet.

Déi eng déi sprangen vun der Bréck,
si kënnen d'Liewen net erdron,
déi aner hunn einfach kee Gléck,
si gin vun engem Blëtz erschlon.

Déi eng déi stierwen duerch eng Bomm,
déi ee Verréckten geluecht huet,
déi aner sinn krank op d'Welt komm,
a stierwen kuerz no der Gebuert.

Ech stierwen gär an déngen Äerm,
Ech stierwen gär an déngen Äerm,
ech machen d'Aen einfach zou,
da kann ech net emol gesinn,
wien geet mat mär zur leschter Rou,
wou kënnt mäin eidelen Kierper hin
mäin leschten Bléck, deen ass fir Dech,
en deet mär gutt ronderëm d'Häerz,
an déi Erënnerung ass fir mech,
déi beschten Hëllef fir mäin Schmäerz.
Ech denken nach «ciao, adieu, bis dann»
dann hält mäin schwaacht Häerz op mat schlon,
vläicht gesinn mer eis spéider iergendwann,
et ass elo Zäit fir mech ze gon.
Ech stierwen gär an déngen Äerm,
Ech stierwen gär an déngen Äerm.

Juni 1996

E Libesgedicht

Ech géing esou gäre mat där schmusen,
dech tréischten, heemelen an Dech drécken,
vu Stären dreemen un dengem Busen,
ech wëllt gär mat där Blummen plécken.

Ech wëllt esou gären mat Där schlofen,
dech plakeg u mengem Kierper spieren,
däin Bett wëllt ech ni méi verloossen,
bis dass ech an Déngen Äerm stierwen.

Ech wëllt Däin Kierper mat Beesen bedecken,
där mat der Hand duerch d'Hoer fueren,
dech geckeg maachen an Dech beglécken,
an d'Welt gesinn mat 1000 Fuerwen.

Ech wëllt mat Där beim Waasser leien,
un engem dramhaft schéinen Strand,
vill Texter a Gedichter schreiwen,
d'Séil baumelen loossen am Summerwand.

Ech wëllt mat Där all d'Stären zielen,
déi nuets um kloren Himmel blénken,
wëllt gär fir ëmmer mat Där liewen,
ech wëllt gär mat där Schampes drénken.

A sollt et en zweet Liewen gin,
sou wëll ech dat mat Där verbréngen,
du solls nimools onglécklech sinn,
wann der Här wëll - wäert dat geléngen.

Juni 1996

Wann ech esou hanneru mech kucken,
gesinn ech 1000 Fläschen op mengem Wee,
ech hunn se all missen eidel suckelen,
meng Famill huet gelidden - mee
et gouf näischt fir mech opzehalen,
ech war dem Alkohol verfall,
méi déif wéi ech konnt bal kee falen,
ech war dat dommsten Schwäin am Stall.

88

Schwätz ni ze fréi

D'Jeanne huet 66 Joer. Säin Mann, de Jemp, deen ass schon laang pensionéiert. Hien huet op der Schmelz geschafft, an wou hien 57 Joer al gin ass, do woussten si op eemol näischt méi mat him unzefänken an si hunn hien an d'Preretraite geschéckt. Wou d'Jeanne jonk war huet hatt bei enger Néiesch geschafft, mee wou hatt bestuet gin ass huet hatt gekënnegt.

De Jemp an d'Jeanne hunn zwee Kanner op d'Welt gesat. De Jemp war am Fong ni vill doheem. No der Schaff ass hien an de Gaart gaangen, duerno an de Bistro, owes hat hien meeschtens Versammlungen vum Fussball oder vun der Partei, sonndes war hien um Fussballterrain a wann hien emol doheem war, dann huet hien geschlof, d'Zeitung gelies oder d'Televisioun gekuckt. Alles an allem war d'Bestietnis eng relativ langweileg Affär fir d'Jeanne och wann säin Mann net gedronk huet an hatt ëmmer mat der Pai konnt maachen wat hatt wollt.

Wann d'Jeanne dann mat de Kanner spadséieren gaangen ass an si spéider bis bei d'Schoul begleet huet, dann konnt hatt mat enger ganzer Partië aneren Mammen iwwert d'Schicksal vun dësem oder deem Kënnegen schwätzen. Eemol hat den Een Problemer mat sengem Bouf oder sengem Meedchen, eemol hat den Aneren en Accident mam Auto. Iwwer Onmassen vun Leit ass Beschass gedriwwen gin.

«Déi sinn schon erëm an d'Vakanz, et ass schon fir d'zweet fir dëst Joer.»

«D'Madamm Müller gesäit een net méi, déi ass bestëmmt krank.»

«Steffen s Gaby gëtt bestuet, et war ëmmer et gutt verlafent. Den aarmen Jong deen dat kritt»

«Der Nopesch hiren Mike ass erëm setzen bliwwen. Elo mëscht hien schon fir d'drëtt dat véiert Schouljoer. Wou soll d'Kand eppes am Kapp hunn, kuck nëmmen déi Al, do ass och näischt»

«Wësst der et schonn. Den Schmit. där wësst jo, hien ass Schoulmeeschter do ënnen um Brill, gëtt gescheet. Ech froen mech wou deen nach uerdentlech Schoul kann halen, mat all deenen Problemer déi deen huet.»

«Ech hunn gëscht dem Buergermeeschter seng Fra am Cactus begéint. Mengt Där déi hätt mer Moien gesot. Waart bis déi nächst Walen, deen kritt och alt keng Stëmm méi.»

Esou ass dat gaangen, joraus, joran. Et as keen dem Jeanne a sengen beschassenen Fréndinnen aus de Féiss komm.

Am Interessanten waren hir Diskussiounen ëmmer wann iergendeen aus dem Quartier krank gin ass. Dann sinn Pronosticken opgestallt gin wat deen dann soll hunn. « Ass et Kriibs, Leukemie, ass et eppes mam Häerz oder vläicht mat der Liewer. En huet an der Lescht net gutt ausgesinn, ech hunn mer bal geduecht datt deen eppes hätt. En hat vill ofgeholl, an en huet esou gro ausgesinn am Gesiicht.»

Iwwert d'Krankheeten vun de Leit konnt een stonnelaang schwätzen. Et konnt een kontrolléieren op een den Betreffenden am Gaart gesinn huet, wann net, dann war hien bestëmmt erëm am Spidol. Et konnt een an der Zeitung kucken, op en net schonn gestuerwen wier. Et konnt een sech de Kapp zerbriechen wou déi Krankheet hier géing kommen. Am flottsten war et awer ëmmer d'Vergaangenheet vun deem Kranken ze duerchliichten. Wéi huet hien gelieft? Hat hien vill Affären virun sengem Bestietnis?

Ass hien vill erausgaange? Huet hien gedronk? Hat hien éischter oft oder éischter manner e Krankeschäin an deenen leschten Joren? An esou weider.

Kuerz gesot: d'Jeanne an seng verklatschten Bekannten hunn sech de Mond fusseleg geschwat iwwer alles an jiddereen.

D'Joren sinn vergaangen. D'Jeanne war bal ni krank an dofir ass hatt och net bei den Dokter gaange. Déi reegelméisseg Kontrollen beim Fraendokter huet hatt ënnerlooss. Hatt huet sech gutt gefillt, an esou wéi sou: krank waren ëmmer nëmmen déi aner.

Enges gudden Daags hunn beim Jeanne och kleng Bobboen ugefaangen ze kommen. Hatt hat éfters de Bauch wéi, dann krut hatt den Durchlaaf, säin Appetit huet ofgeholl, mee no e puer Deeg war dat meeschtens erëm ewech fir dann no enger oder zwou Wochen erëm do ze sinn. Hatt konnt jo schlecht bei den Dokter goen, wat hätten d'Nopeschen geduecht. Seng gesondheetlech Problemer si lues an lues méi grouss gin an wou hatt guer näischt méi am Mo konnt halen, wou hatt weder nach iessen nach drénken konnt, an wou hatt och nach Problemer mam Waaserhaalen kritt huet, dunn ass hatt bei säin Hausdokter gerannt.

Hatt krut Analysen verschriwwen, duerno ass et geröntgt gin, et goufen weider Analysen gemaach an enges gudden Daags loung d'Diagnose vir: Kriibs!, Operatioun onëmgänglech, esou schnell wéi méiglech.

Fir d'Jeanne ass eng Welt zesummegebrach. Hatt war krank, bis elo waren et ëmmer déi aner déi betraff waren.

Hatt gouf operéiert mam Ënnerleif an wou d'Dokteren schon s am Gaang waren, hunn si him och nach direkt e Stéck vum Daarm erausgeholl. Duerno huet hatt missen eng ganz Rei vun Chimio'en iwwert sech ergoen loossen, hatt huet d'Hoer verluer an hatt huet eng Parréck missen droen, et huet ofgeholl, säin Gesiicht ass agefall an aus enger Frau wéi en Haus ass vun engem Dag op deen Aner eng béis krank Fra gin.

Dat war natierlech e gefonnten Friessen fir déi Nopeschen mat deenen hatt sech jorelaang ofginn hat. Elo hunn si iwwert hatt geschwat an him eng ganz Rei vun indiskreten Froen gestallt wann si hatt gesinn hunn. Déi eng sinn him aus de Féiss gaange, déi aner wollten all Detail iwwert den Verlaf vun der Krankheet wëssen.

D'Jeanne hat wéineg Verständnis fir déi Aart wéi d'Leit sech vis-à-vis vun him beholl hunn.

« Wat huet déi Fra do komesch Hoer» sot e Kand zu sengem Papp an engem Supermarché. «Ma déi dréit eng Parréck» war d'Äntwert.

« Wat hues Du ofgeholl»

«Wann s Du esou krank bass wéi's Du sees, dann bass Du nach laang net iwwert de Bierg»

«O, Du bass et, ech hat Dech net erëmkannt. Du gesäis awer schlecht aus»

« Et deet mer awer leed fir Dech»

Am Laf vun engem Joer war d'Jeanne aus der Positioun vun deem deen iwwert deenen aneren hir Krankheeten an hiren Misär schwätzt zu deem gin iwwert deen geschwat gin ass. Dat war haart an d'Jeanne huet ugefaange sech iwwert déi beschassenen Noperen opzereegen. Hat hat ganz vergiess wéi hatt sech selwer jorelaang beholl hat.

«Tel est pris qui croyait prendre» soen d'Fransousen. Et kann een och soen: «Schwätz ni ze fréi».

13.07.1996

An engem Buch «Heroin - Die süchtige Gesellschaft»
vum Kristiane Allert-Wybranietz hunn ech e Gedicht
fonnt, dat mech staark impressionéiert huet.

De Jim

De Jim ass dout, mär hunn e kannt
als Bréifdréier zu Uewerkuer
anscheinend war hien schon laang krank
säin leschten Match huet hien verluer

Juli 1996

Bei der Barrière

All Dag stinn si do, géint 8 Auer. D'Barrière ass zou.
Si ass bal ëmmer zou an déi Kéieren wou si op ass
kann een op de Fangeren vun enger Hand opzielen.

Si, dat ass emol d'Claudine, dat mat sengem
Meedchen an d'Schoul geet. Et ass de Jacques, deen
mat sengem Auto an den Adler schaffen fiert. Et ass

den Marc, deen seng Fra op d'Gare begleet huet an op sengem Heemwee vun der Barrière opgehalen gin ass.

Si hunn sech am Fong ni weider kannt, mee well si all Dag virun der zouener Barrière stinn, hunn si iergendwann eng Kéier ugefaange mateneen ze schwätzen.

Am Ufank hunn si vum Wieder, vun der Vakanz an aneren Banalitéiten geschwat. Mee am Laf vun der Zäit hunn si sech besser kennen geléiert an si hunn sech och Saachen erzielt, déi si beschäftegt hunn an déi si am Fong net konnten an hirem Stot zur Sprooch bréngen.

Si wunnen alleguer an enger Cité. D'Leit kennen sech, mee si hunn awer weider keen méi enken Kontakt mateneen. D'Haiser an der Cité gesinn praktesch alleguer d'selwecht aus. Si hunn all eng Garage, e Grill hannert dem Haus, e klenge Gaart an et wunnen iwwerall Leit déi plus ou moins een Alter hunn. An all Haus gëtt et een oder méi Kanner tëschent engem an 12 Joer, d'Pappen schaffen all sief et als Privatbeamten oder als Fonctionnaire op enger gudder Platz, d'Mammen machen d'Hausaarbecht, gin an den Cactus oder an den Match akafen, schwätzen iwwert déi aner Leit, an d'Liewen leeft esou ganz lues weider ouni dass een sech géing Gedanken maachen op dat Liewen dat een elo lieft, dat ass wouvun een ëmmer gedreemt huet.

Just bei der Barrière, do kommen sech d'Claudine, de Jacques an den Marc ëfters méi no wéi si et wëllen.

D'Claudine erzielt, dass säin Mann déi nächst Vakanz gebucht hätt. Hatt géing esou schrecklech gären a Griicheland fueren, mee dat ass fir säi Mann keen Thema. Do gëtt Joer fir Joer d'Zeitung duerchgebliedert, d'Präisser vun den Appartementer op der Côte gin verglach, et gëtt gekuckt wéi wäit déi verschidden Wunnengen vum Mier ewech leien, an dann stellt sech nach meeschtens just d'Fro op d'Rees éischter an d'Géigend vun Nice oder méi erof op de Cap d'Agde soll goen. Joer fir Joer, Enn Juli oder Ufank August, spillt sech dann deen selwechten Zenario beim Claudine of. Paken, a Richtung Dijon a Lyon fueren, duerno weider bis op Orange, an dann gëtt entweder no riets oder no lénks ofgebéit. All eenzelen Dag vun der Vakanz ass an engem gewëssen Moos am viraus festgeluecht. En Dag op d' Plage, en Tour an d'Hannerland, en Ausflug an déi nächsten grouss Stad, erëm op d'Plage, dann an en Aquapark. Moies geet säin Mann Croissanten kafen, hatt mécht de Kaffi, säin Meedchen sëtzt virun der Televisioun. Mëttes gëtt eng Klengegkeet op enger Terrasse giess, owes geet et an e Restaurant an den Dag gëtt dann mat enger Flesch « Côte de Provence » ofgeschloss. Et kann een net behaapten, dass d'Claudine glécklech wier iwwert déi Vakanzen, mä wat mëscht een net alles fir de Fridd am Haus. Dem Claudine säin Meedchen, ass näischt anescht gewinnt.

Den Marc mëscht no baussen en total zefriddenen an ausgeglachen Androck. Hien as ëmmer brong, well hien all Woch an de Solarium geet, hien fiert all zweeten Dag zing Kilometer mam Vëlo an hien gesäit aus wéi d'Schauspiller an verschiddenen amerikaneschen Fernseeserien. Vill Leit beneiden hien, mee wann hien ufänkt iwwer seng Suergen ze schwätzen, dann gesäit d'Welt guer net méi esou roseg aus. Säin Astrid war an der Zäit e flott Meedchen an den Marc war begeeschtert wou hatt d'Accord war fir hien ze bestueden. Am Ufank war nawell alles ganz okay, mee mat der Zäit huet hatt Depressiounen kritt an et huet ugefaange Medikamenter ze huelen. Hatt huet Pëllen gebraucht fir ze schlofen an anerer fir am Dag d'Flemm net ze kréien. An enges gudden Daags war hat schwanger. Säin Puppelchen ass an sengem Bauch gewuess, mee hatt huet net opgehale seng verschidden Drogen anzehuelen. Wou säin klénge Bouf op d'Welt komm ass, hunn si hien Nico genannt mee d'Famill hat net vill Zäit fir sech ze freeën. Dem Kléngen seng Fangeren waren zesummen gewuess, hien hat eppes un den Aen a mat der Zäit gouf festgestallt dass hien och am Geescht e bëssen hannendran war. Den Marc huet sech missen beherrschen fir dem Astrid net ze vill Virwërf ze maachen, well hat nach ëmmer riskéiert huet an Depressiounen zréck ze falen. Den Marc wollt awer och net mat nëmmen engem Kand weiderliewen, engem Kand dat derbäi nach behënnert war. D'Astrid gouf nach eng Kéier chwanger, no enger Therapie hat hatt seng Ofhängegkeet vun de Medikamenter nawell gutt am Grëff. Dat zweet Kand, dem se den Numm Pol gin hunn, war tipp top an der Rei an net nëmmen dat. Et war e Bild vun engem Kand an en ass iwwerall bekuckt an gehätschel gin. Dat huet dem Nico wéi gedoen, ganz wéi an wou hien méi al gin ass an lues a lues d'Wourecht iwwert de Grond vun senger Behënnerung erfuer huet, huet hien lues a lues Haass géint seng Mamm empfonnt. Et sinn Spannungen an der Famill entstane. De Nico war schlecht an der Schoul, et ass oft de Geck mat him gemaach gin an schliisslech ass hien an enger Spezialschoul an der Belsch gelant. Dem Paul dergéint ass alles gelongen wat hien ugepaakt huet an well et e richteg flotten Typ war hat hien och e groussen Succès bei de Meedercher. Haut mécht hien Carrière bei der Arméi. D'Astrid an den Marc haten vill Problemer an den tëschemënschlechen Bezéiungen vun hirer Bouwen ze léisen. Et huet gekraacht am Stot. Ëmmer méi oft.

An d'Joren sinn vergaange. Déi zwee Bouwen sinn erwuesse gin an den Marc an d'Astrid hunn sech ganz eescht gefrot op si sech sollten scheeden loossen oder net. Si hunn sech beroden gelooss, vun Dokteren, vun Psychologen, vun « Eheberater». Si haten esou guer den Paschtouer em Rot gefrot. An dunn ass d'Astrid as eng drëtten Kéier schwanger gin. Dat kléngt Corinne geet elo an d'Spillschoul. D'Astrid fiert e puermol d'Woch an d'Staat an d'Therapie. Den Marc geet dann mat him bis op d'Gare. Op sengem Heemwee steet hien dann oft virun der Barrière. Grad esou, wéi d'Claudine an de Jacques.

De Jacques fir säin Deel huet net ganz vill ze erzielen. Hien ass doheem bei senger Mamm. Moies fiert hien schaffen, owes kënnt hien heem. D'Denken an d'Plangen iwerhëllt seng Mamm fir hien. Moies um sechs rabbelt de Wecker, de Jacques steet op, hien mëscht sech fäerdeg, fiert schaffen. Owes kënnt hien heem. An dat war et dann schonn.

Bei der Barrière: Mënschen fannen sech.

Juli 1996

Ech hunn dech guer net méi gär

(fräi no dem Lidd: Ich lieb Dich überhaupt nicht
mehr)

Meng Léift zu Där ass laang passé
ech kann Dech grad nach esou erdron,
du stees mär ëmmerzou am Wee,
ech géing esou gären vun Där gon,
mäin Fridden fannen iergendwou,
mäin Equiliber, meng ënner Rou,
an Dech vergiessen, einfach vergiessen.

Du schwätz ewéi en Automat,
braddels wann ech wëll roueg sinn,
du ziels mer all Dag egal wat,
enges Daags schmäissen ech alles hin
fir deen ze gin deen ech mol war,
ech wëllt et léiwer haut wéi muar,
an Dech vergiessen, einfach vergiessen.

Bis haut hues Du mech net verstan
och wann s Du ëmmer méchs wéi wann,
alles wat mär zesummen man
ass wéi e Stommfilm fir déi Blann,
ech wëll aus dengem Liewen gon,
fir mech erëm kënnen ze erdron
an Dech vergiessen, einfach vergiessen.

Diskutéieren konnten mär nach ni,
et feelt Där un Argumentatioun,
un Intellekt an Phantasie,
du glotz endlos op d'Televisioun,
ech misst direkt Flilleken kréien
fir wäit ganz wäit kënnen ze fléien,
an Dech vergiessen, einfach vergiessen.

Ech soen Där: «Géi mat Gott mee géi»
wat hält Dech eigentlech nach bei mär?
d'Gefiller sinn dout, t'gëtt se net méi,
ech hunn Dech guer, guer net méi gär,
ech wëll Dech ni méi erëm gesinn,
wëll bei Leit sinn déi mech verstinn,
an Dech vergiessen, einfach vergiessen.

August 1996

Äisblummen

Nodeems dass de Jeff seng 8 Stonnen um Büro verbruecht hat, ass hien 2 bis 3mol d'Woch nach an e Fitnesszenter gaangen. Do huet hien dann gemaach wat hien wollt. Déi eng Kéier ass en praktesch nëmmen Vëlo gefuer, aner Kéieren huet en och alt mol eppes fir d'Muskelen an den Äerm, an de Been, am Réck an am Bauch gemaach. Op säin Besuch an der Sauna an am «bain turc» huet hien awer ni verzicht. Dat waren zwou Platzen wou hien net nëmmen béis geschweesst huet, mee do konnt hien och seng Gedanken esou richteg op d'Rees goen loossen. Hien konnt iwwert sech nodenken iwwert seng Vergaangenheet, iwwert seng Zukunft, iwwert déi Leit déi hien beschäftegt hunn an et war einfach e Genoss do an der Hëtzt ze sëtzen an seng Rou ze hunn. Déi aner déi nieft him souzen hunn meeschtens och näischt gesot, d'Sauna an de «bain turc» waren esou richteg Oasen vun Rou an Zefriddenheet an

104

wann hien do erauskomm ass da war hien total dätsch an voller ënnerer Rou.

Am Summer ass hien, no sengem Besuch am Fitnesszenter, alt emol op eng Terrasse een huelen gaangen wou hien dann d'Zeitung gelies huet an de Leit nogelauschtert huet déi ronderëm hien souzen an mateneen geschwat hunn. Am Wanter wou d'Terrassen zou waren, ass hien dann duerch d'Géigend gefuer fir dann schlussendlech op iergendengem einsamen Parking stoen ze bleiwen, Musek ze lauschteren an ofzeschalten. Et war relax do ze sëtzen, den Autoen nozekucken déi op enger noer Strooss laanschtgefuer sinn oder einfach dem Reen nozelauschteren den op den Dach vun sengem Auto gefall ass. Wann hien dann eng gewëssen Zäit do am Auto souz, sinn d'Fënsteren ugelaf an hien huet missen un seng Kandheet denken.

Well deemols bei hinnen am Haus nach keng Heizung war an well hien och keen Uewen an senger Kummer hat, huet am Wanter den Donst un de Fënsteren sech an wonnerbar Blummen verwandelt. Wann een dann ganz lues mam Fanger iwwert d'Fënster gefuer ass, da konnt een drop molen, Nimm drop schreiwen, oder einfach e kléngt Lach an d'Äis schmëlzen fir eraus ze kucken.

Wou hien dunn an sengem total beschloenen Auto souz huet hien erëm dorun geduecht an den Numm vun enger Fra ass him agefall déi him enorm vill bedeit an hien huet den Numm vun déer Fra och direkt a ganz grouss an déi viischt Autosfënster geschriwwen. Hien huet nach en Häerz an eng Blumm dernieft gemoolt an hien war déck zefridden mat sengem Konschtwierk. Lues a lues ass et dem Jeff awer ze waarm gin, an hien huet eng Fënster e bëssen opgemaach. Et war angeneem frësch dobaussen an et huet gereent mat Eemeren. Den Donst an der Fënster ass lues a lues verschwonne an de Jeff huet missen un d'Vergänglechkeet vun allem Liewen denken. Wann een awer ganz gutt gekuckt huet, dann huet een awer nach gesinn wat de Jeff gemoolt an geschriwwen hat an en huet missen en Duch huelen fir säin Wierk total verschwannen ze loossen. Den Numm deen de Jeff an d'Fënster geschriwwen hat, steet och an sengem Häerz geschriwwen, mee do gëtt et keen deen en Duch kann huelen fir en ewech ze wëschen. Do kënnt keen hin, hien selwer mol net.

Oktober 1996

Aus engem Depliant den vun Omega 90, der
Vereenegung fir d'Stierfhëllef, verdeelt gëtt: Den
Text ass vum Erich Fried.

Dem Alain seng Passioun

Den Alain huet schon säit Joren e Faibel vir Karten. Et ass net wéi wann hien Stroossen- Post-, oder Telefonskaarten géing sammelen a vun Rummy oder Contramit versteet hien glat guer näischt. Neen, dem Alain seng Passioun dat sinn Kreditkaarten. Wou virun enger Rei vu Joren dës Karten op de Maart bruecht gi sinn, war den Alain een vun deenen éischten, deen sech esou eng Kart bestallt huet. «Visa» stoung op deem klénge Plastik deen hien vu senger Bank kritt huet, an vun engem Dag op den aneren konnt den Alain bis zu 50.000 Frang an de Keller goen. Den Alain hat eng gutt Aarbecht an en huet net schlecht verdéngt. 90.000 Frang netto huet hien all Mount erauskrit an wann hien dann nach seng 50.000 Frang «ligne de crédit» derbäi gerechent huet, dann hat hien e Budget vun 140.000 Frang fir ënnert d'Leit ze bréngen. Net schlecht!

Hien huet e puer Méint kräfteg Suen ausginn, mee et ass him am Ufank trotzdeem ëmmer gelongen net ze vill déif an de Keller ze geroden.

Mat der Zäit huet hien sech nach aner Karten bestallt an hien huet si och ouni iergend e Problem vun senger Bank krit. Do war emol d'Eurocard, déi Gëllen natierlech, mat déer hien automatesch e Kredit vun 100.000 Frang hat, do war d'Kart vum Bancomat, d'Kart vun «Diners» an nach déi eng oder aner Käertchen, déi dem Alain et erlaabt huet anzekafen ouni ee Su ze bezuelen an schlussendlech iwwert eng «ligne de crédit» vu 250.000 Frang ze verfügen. Anescht gesot, den Alain konnt net nëmmen seng verdéngten Suen ausginn, mee, wann hien wollt, da konnt hien bis zu 250.000 Frang verpolveren.

Dem Alain säin Liewen huet sech schlagaarteg verännert. Aus dem éischter seriéisen Mann ass e richtege «bon vivant» gin. Hien ass e puermol d'Woch iessen gang, hien ass 2 bis 3mol d'Joer an d'Vakanz gang, hien huet sengen Frëndinnen permanent flappeg Kaddoen gemaach an an den Discoen an de Bistroen war hien e gär gessinnen Gaascht. Wou hien war war do war ëmmer eppes lass, hien huet dësem an deem e Patt zum beschten gin, huet och emol enger aarmer Sau 1000 oder 2000 Frang geléint, a wann hien déi Suen net erëm krit huet, da war dat eben Pech. Hien konnt sech dowéinst jo net ophänken.

D'Zäit ass vergaange. Mount fir Mount huet de Bréifdréier d'Ofrechnungen vun deenen verschiddenen Karten an d'Haus bruecht. Am Ufank war de Keller éischter harmlos. Mat senger Pai huet den Alain seng Prêt'en, säin Loyer, seng Chargen an dësen oder deen Cadeau bezuelt. Dat wat recht blouf huet d'Bank zréckgehalen an op déi divers «comptes débiteurs» iwwerwisen. Vun der Pai ass op eemol näischt méi bliwwen. Dat war fir den Alain awer iwwerhaapt keen Probleem. Suen hat hien ëmmer, an wann hien keng hat, dann ass hien einfach op e Geldautomat gaangen oder hien huet mat chèque oder mat enger vun sengen Karten bezuelt. Op eemol wat den Alain 180.000 Frang am Keller an en hätt schon s zwéi Méint missen schaffen fir iwwerhaapt erëm do eraus ze kommen. Mee et ass him einfach net gelongen. Säin Liewen op groussem Fouss wollt hien net opginn, hien huet sech awer virgeholl fir e bëssen méi lues ze maachen an no an no aus der delikater Situatioun eraus ze kommen.

Einfach war dat net. Am Konträr!

All Mount war eppes aneschtes dat Geld kascht huet. No baussen wollt hien awer och net zouginn, dass et him finanziell net esou gutt géing goen wéi een dat hätt kéinten mengen. Et sief. De Keller ass geklomm, an wat d'Grenz vun 250.000 Frang «ligne de crédit» méi no komm ass, wat et méi séier biergof gaangen ass.

Enn November dunn huet den Alain e Bréif vun senger Bank kritt. « Léiwe Client », stoung do dran. «Mir deelen Iech mat dass Där de Plaffong vun 250.000 ëm 12.315 Frang iwwerschat hutt, an mär bieden Iech, dës Zomm an deenen éischten Deeg ze iwwerweisen, soss si mär leider gezwongen är Karten anzezéien.»

Fir den Alain ass eng Welt zesummegebrach. D'Dezemberpai ass komm, an mat hier den 13. Mount. No Ofrechnung vun allen Fraisen sinn dem Alain nach 5210 Frang fir den ganzen Dezember bliwwen. Dat war net vill, dat war guer näischt, an den Alain huet seng Mamm misse froen op hien mat hier kënnt mëttes iessen goen. Moies huet hien just e Glas Jus gedronk, owes gouf et dann eben näischt. Wou hien soss e Pak Zigaretten den Dag gefëmmt huet, do huet hien elo mat engem Pak missen 3 Deeg auskommen. Wann et nëmmen gaangen ass, huet hien alt mol eng Zigarett bei dësem oder deem gefäscht. Seng Situatioun war aussiichtslos.

D'Feierdeeg si komm. Op Reveillon ass den Alain op Metz gefuer an hien huet an de Geschäfter déi schéinsten Saachen gesinn. Beim Traiteur lungen déi beschten Mäifelcher, iwwerall gouf Schampes an Wäin ugebueden, mä den Alain konnt dës Kéier nëmmen kucken. Et war net dran fir eppes ze kafen. Op Reveillon owes souz hien dann eleng doheem an hien huet eng Tut Chips mat enger 2 Liter Fläsch roudem Wäin vun der Tankstell gedronk. Silvester ass et him d'selwecht ergaange.

An de Bistroen wou hien Stammgaascht war, do hunn si hien wuel vermësst, mee et huet keen sech weider Froen gestallt. Esou ass een Joer eriwwer gaang. En neit huet ugefaangen an den Alain huet sech seriéis Gedanken iwwert seng Zukunft gemaach.

Géint den 10. Januar dunn huet hien et fäerdeg bruecht fir op seng Bank ze goen an sech beroden ze loossen. D'Joffer op der Bank huet him fir d'éischt nogelauschtert an dunn huet si him geroden all seng Karten ofzeginn, e Prêt vun 300.000 Frang ze maachen an deen dann no an no ofzebezuelen. Den Alain war am 7. Himmel. Hien war glécklech seng Ofhängegkeet vun de Kreditkaarten iwerwonn ze hunn an hien huet sech fest virgeholl ni méi Chrëschtdag «am Keller» ze feieren.

1996

E Strichmeedchen?

E Mann deen mat sech an mat der Welt onzefridden war, huet sech op de Wee gemaach fir owes am Quartier hannert der Post an der Stad eng Bekanntschaft ze maachen an en huet geduecht hien géing do eng Fra fannen mat déer hien déi eng oder déi aner flott Stonn kéint verbréngen. Et war nach fréi am Dag, eppes kléngs no fënnef, an déi sougenannten liicht Meedercher waren nach rar an der rue de Reims an Ëmgéigend. Et stoungen e puer ausrangéiert Modellen do den Trottoir ze maachen an eise Mann, loossen mer en einfach Mett nennen huet seng Ronnen em de Quartier gedréint, bis en do endlech op eng Fra getraff ass, déi esou em d'Mëtt drësseg war an nawell keng schlecht Impressioun gemaach huet. Hien ass stoen bliwwen an huet gefrot op et dran wier een ze maachen, wann méiglech nët am Auto, mee an enger Wunneng. Hien krut als Äntwert et wier nëmmen méiglech am Auto an de Präis wier 2000 Frang. De Mett hat awer net vill Bock drop sech am

Auto ze ploen, an esou huet hien decidéiert nach e puer Ronnen ze dréinen, an der Hoffnung dat ze fannen wat hien wollt. Virdrun hat hien nach 10.000 Frang op engem Bankomat opgehuewen, well hien wollt sech e ganz excellenten Owend maachen. Tour em Tour ass hien duerch déi enk Gaassen gefuer, mee e konnt sech uleeën wéi e wollt, eng aner Klont déi nawell passabel war, war net ze fannen. Dunn ass hien alt zréck gefuer bei dat Meedchen mat deem hien schonn geschwat hat an an der Géigend vum Stater Schluechthaus ass de Mett dunn op engem Parking wou Camionen, an ëfters och alt Kiirmesautoen ofgestallt sinn, fir seng 2000 Frang servéiert gin.

D'Meedchen war zimmlech gentil an et huet him erzielt, dass säin éischten Mann gestuerwen wier, an dass deen mat deem hatt elo gin liewen näisch géing schaffen an och weider keng Initiativ an der Panz hätt. Hat sot hat hätt och keng Aarbecht an eng Onmass Rechnungen ze bezuelen. Eleng fir de Loyer bräicht hatt all Mount 24.000 Frang. Méi eng bëlleg Wunneng hätt hat net fonnt an et géing Joren daueren bis een eng Wunneng beim «Fond de Logement» zu engem akzeptabelen Präis kéint kréien. Säin Meedchen géing an d'Spillschoul goen an et wéisst am Fong keen zu Diddeleng, dass hat niewelaanscht géing op de Stréch goen fir ze Iwwerliewen. «Ech kann nëmmen an d'Staat kommen, wann ech een hunn fir op dat Klengt opzepassen», huet hatt gesot, «an dann muss ech mer ëmmer eng afalen loossen, well et däerf jo keen wëssen wou ech higinn». D'Patricia, esou war säin Numm huet nach gesot, dass hatt den RMG géing kréien, an dass dat méi wier wéi hatt jee kéint verdéngen wann hatt géing schaffen goen well hatt jo näischt geléiert hätt. Hatt huet alt emol an engem Bistro servéiert mee do war hatt net ugemellt.

D'Meedchen war zwar keng Bomm am Bumsen, mee hatt huet sech gutt ugefillt, et hat ganz seideg rout Hoer an de Mett war ganz erstaunt wou hien bis d'Gefill hat seng Partnerin hätt en Orgasmus bei dem Gedrécks am Auto kritt.

D'Patricia war dem Mett sympathesch, an esou huet hien decidéiert fir him seng Telefonsnummer vum Büro ze gin. «Ech si gär bereet fir Der ze hëllefen wann ech kann» huet hien gesot. Dunn huet hien hatt bei säin Auto gefouert, well hatt huet behaapt, hatt misst elo heemgoen, well säin Babysitter hätt net de ganzen Owend Zäit.

Et sinn e puer Deeg eriwergangen, dunn ass de Mett erëm an d'Staat gefuer an en huet sech erëm vum Patricia fir 2000 Frang bedéngen gelooss. «Ech ruffen Dech d'nächst Woch un, da kënnen mer eis eng Kéier op enger Kummer treffen» sot d'Patricia wou hatt de Mett verlooss huet, an esou koum et och.

Méindes no 8 Auer huet den Telefon um Büro gerabbelt, an dat gutt Meedchen huet de Mett invitéiert fir um néng Auer bei d'Diddelenger Gemeng ze kommen. De Mett huet sech gläich op de Wee gemaach an pünktlech, wéi hien nu eemol ass, stoung hien op déer ofgemaachener Platz. Hatt war schon do, an dunn ass hien hannert him gefuer fir an eng Säitestrooss parken ze goen. Hatt huet hien net mat heem gehol, mee si sinn bei en alen Mann an d'Wunneng gaange. Hat kennt deen Mann schon laang an hien huet him ëmmer gehollef wann hat an Nout war, mee am Moment geet et him och net esou gutt, esou dass si Allenzwee am Schäiss sinn an et kann keen méi eppes fir deen aneren maachen. De Mann huet en eegent Haus, mee och eng Parti Prêten zréck ze bezuelen, esou dass hien nët nach e weideren Prêt kann maachen fir dem Patricia aus déer schlëmmster Nout ze hëllefen. D'Patricia as den Telefon vun e puer Méint schëlleg, den Auto päift um leschten Lach an wäert an e puer Wochen d'technesch Kontroll net packen, d'Wäschmaschinn ass futti an et ass emol kee Sou do fir eppes ze kafen fir z'iessen.

De Mett souz mat senger Zuz an dem alen Mann an deem senger Kichen. En huet Kaffi ze drénken kritt.

Et war alles esou schrecklech aarm an propper war et och net. D'Toilette huet erausgesinn wéi wann se an engem vun deenen schlëmmsten Gettoen géing stoen, mee gestonk huet et zimmlech wéineg an déer aremséileger Behausung.

Iwwer wat gouf geschwat? Iwwer alles an och näischt. Iwwer Banalitéiten bis op eemol den Thema bei de Suen ukomm war. «50.000 Frang wieren meng Rettung» huet d'Patricia gesot, « wann ech eng Kéier bäi wier mat bezuelen, dann hätt ech et geschafft. Op der Bank kréien ech keng Suen, well ech den RMG hunn, mäin Bekannten kritt och keng, well hien nach am gaangen ass Zommen déi hien geléint hat erëmzebezuelen. Esouguer d'Belsch gin net drun fir mer oder him eppes ze gin. Kenns Du dann keen deen mer privat eppes kënnt léinen?» huet d'Patricia de Mett gefrot «ech géing em all Mount 2000 Frang zréckginn, da wier ech an ongeféier 2 Joer fäerdeg.»

De Mett huet och keen kannt, deen esou einfach mir näischt dir näischt 50.000 Frang zur Verfügung hätt an deen wann en se hätt iergendengem onbekannten Framënsch géing gin.

D'Auer un der Mauer huet getickt; et ass hallwer zéng, dann zéng Auer gin, bis dann d'Patricia gesot huet hatt wier elo gären mam Mett eleng. Déi zwee sinn do op den éischten Stack an eng rëffeg Kummer gaange, et war dem alen Mann seng. D'Bett war nach net gemaach, mee dat war dem Mett egal. Et war kal an d'Patricia huet sech nëmmen ënnen erëm ausgedoen, de Pullover huet hatt just eropgezunn. Si hunn mateneen geschlof, et war ganz einfachen, banalen Blummensex. Ausgedoen, op de Réck geluecht, Gummi un, eran, eraus, Gummi erof, ugedoen a fäerdeg.

« Wat gëss Du mär fräiwëlleg?» war dunn d'Fro. De Mett huet drun geduecht datt seng Fra vun enger Stonn nach eng Telefonsrechnung vun 3.200 Frang ze bezuelen hätt an en huet sech entschloss him 3000 Frang ze gin, a well hatt anscheinend näischt méi z'iessen hat fir sech a säin Meedchen, huet en alt nach 500 Frang dropgeluecht fir eng Klengegkeet am Match anzekafen. En huet nach versprach fir hatt erëmzegesinn, huet sech d'Telefonsnummer vun dem alen Mann opgeschriwwen fir eng Kontaktméiglechkeet ze hunn an e war frou wou en nees un Trottoir stoung, a säin Auto konnt klammen an zréck op de Büro fueren.

De Mett huet no dem Erliefnis vill nogeduecht. Wat ass wouer a wat net un deem wat hien erzielt krut? Hatt huet hien net an senger Wunneng getraff. Also kënnt et jo stëmmen, dass hatt sech nëmmen géing verkafen fir seng Rechnungen ze bezuelen a fir den Ënnerhalt vun sengem Meedchen opzekommen. Et kënnt och stemmen, dass dat kléngt Meedchen keng Anung huet vun deem wat seng Mamm dreift. D'Patricia huet wëlles Schluss ze maachen mat deem Lidderhanes deen et um Läpp hänken huet.

Patricia, 35 Joer, Mamm vun engem Kand, aarbechtslos, ouni Partner deen em finanziell kënnt aus der Patsch hëllefen.

«Ech gin net gären an d'Staat, well d'Männer sinn nach laang net all esou fein wéi's Du» huet hatt dem Mett gesot. An de Mett hat d'Gefill wéi wann hatt d'Been guer net gären géing auserneen maachen.

Zéng Deeg no der Diddelenger Episod huet d'Patricia erëm um Büro ugeruff an hatt wollt de Mett erëm direkt um 9 Auer zu Diddeleng gesinn. Mat senger rauer Zigarettenstëmm huet hatt geklot hatt wier um Enn, t'hätt kee Sou méi an weder eppes fir sech nach fir d'Kand z'iessen. Déi Kéier ass de Mett net op Diddeleng gefuer. En hat d'Häerz déck, well et kënnt jo sinn dass all dat wouer ass wat d'Patricia him zielt. Et kënnt wouer sinn, mee och net.

«The answer is blowing in the wind»

1996

D'Geschicht vun der Schnéiflack

Et war eng Kéier eng Schnéiflack, déi ass op enger grousser Wollek mat all hiren Frënn a Frëndinnen iwwer d'Welt geflunn. D'Schnéiflacken hunn sech ganz gutt mateneen verstanen, si hunn de ganzen Dag Blödsinn gemaach, si hunn gespillt, mateneen gerolzt a wann si sech emol gelangweilt hunn, dann hunn si sech op de Rand vun der Wollek gesat an si hu gekuckt wat alles esou do ënnen op der Welt geschitt ass. Si hunn dann vill Waasser gesinn mat héijen Bierger dertëschent op deenen heiansdo nach Schnéi loung, si hunn Bëscher gesinn a Flëss déi d'Natur am Zickzack an eenzel Kompartimenter gedeelt hunn. D'Haiser vun de Stied an den Dierfer waren esou kleng, dass een si nëmmen mat enger Spektiv konnt gesinn. D'Autoen an d'Mënschen si wéi Jejomessen hin an hier gelaf an d'Stroossen hunn d'Welt an eng ganz Rei vun Quadraten agedeelt. Et war einfach schéin esou um Rand vun der Wollek ze sëtzen an dem Spillchen do ënnen nozekucken. D'Sonn déi ass op an ënnergaangen an si huet sech den Dag mam Mound gedeelt. Plazeweis war et ganz waarm an an aner Géigenden loung ëmmer Schnéi an déi déi do gewunnt hunn sinn den ganzen Dag a Gezei aus Pelz an décker Woll dorëmmer gaange. Et si Géigenden gin, wou d'Leit Sträit mateneen haten an mat Kugelen a Kanounen openeen geschoss hunn, mee et sinn der och gin wou d'Männer, d'Fraen an d'Kanner sech ganz gutt verdroen hunn.

Esou ass d'Zäit vergaangen, aus der klenger Flack ass ëmmer méi eng grouss gin, an enges gudden Daags, hat si d'Flemm ëmmer op der selwechter Wollek ronderëm d'Äerdkugel ze kreesen an si huet beschloss emol kucken ze goen wéi et dann esou do ënnen wier. Et huet e puer Deeg gedauert bis eis Schnéiflack eng Platz fonnt hat wou si wollt eroffalen. An d'Wüüst wollt si net goen, do war et hier ze waarm. Um Nordpol war et hier ze langweileg. An enger grousser Staat war et hier ze vill hektesch an an d'Mier wollt si och net falen, well si wollt jo nu awer wierklech net direkt schmëlzen, knapps op der Welt ukomm. Op eemol ass d'Wollek iwwer eng Uertschaft geflunn déi net ze grouss an net ze kleng war, d'Haiser hunn sech ronderëm zwee Bierger gekuschelt an d'Temperaturen waren just wéi si sollen sinn, eppes kléngs ënner null Grad. Eis Schnéiflack war net faul, si huet nach eng Kéier hart «salü Kolleegen» geruff, an mat engem kräftegen Ulaf ass si mat enger ganzer Rei aner Flacken aus hirer Wollek gesprongen.

Et war einfach herrlech aus e puer honnert Meter op d'Welt erof ze seegelen. Si huet probéiert e bëssen ze renkelen, well si wollt weder op d'Strooss nach an en däischteren Bësch falen.

Schlussendlech ass si an engem Gaart ukomm, deen an enger liichter Pente vum Haus erop bei e Bësch gaangen ass. Hannen an dem Gaart stoung en Haischen an eis Flack huet fonnt, dass dat déi beschten Platz wier fir sech nidderzeloossen. Si huet ronderëm sech gekuckt a war immens zefridden. Et waren vill Flacken mat hier aus der Wollek gesprongen, d'Welt huet ausgesinn wéi wann si e wäissen Mantel unhätt. Ennen an dem groussen Haus waren d'Rolllueden erop an et huet een an en Zëmmer eragesinn. Do souzen e Mann an eng Fra beieneen an si hunn iwwert iergend eppes geschwat. Et huet geschéint wéi wann si sech ganz gutt mateneen géingen verdroen.

An engem Zëmmer um éischten Stack war Luucht an et hunn 2 Kanner do gespillt. Et waren zwee Meedercher, si haten d'Zëmmer esou voll mat Spillsaachen vun Lego an Fisher Price stoen, dass et bal gebascht ass. An der Mëtt stoung e Buttek an dat

Kléngt ass ëmmer bei dat Grousst akafen gaangen. No enger gewësser Zäit hunn si gewiesselt an dunn ass dat Kléngt d'Butteksfra gin. Et waren zwee richteg léif Kanner, dat eent hat d'Hoer nawell kuerz geschnidden, deem aneren seng stoungen flatsch no vir an d'Luucht wéi wann een Gel drop gemaach hätt. Vun Zäit zu Zäit hunn si zur Fënster erausgekuckt an et huet geschéint wéi wann si sech géingen freeën dass op eemol esou vill Schnéi loung. Et ass däischter gin, d'Luuchten an der Stroos sinn ugaangen an op eemol sinn d'Rolllueden am Haus eroofgaang an eis Schnéiflack huet net méi konnten eranafen. Et ass Nuecht gin, an d'Schnéiflack huet den Autoen nogekuckt, an si huet probéiert déi schrecklech vill Luuchten ze zielen, déi riets am Dall bei enger Fabrick geblénkt hunn.

Mat deem Gemësch ass d'Nuecht séier eriwwer gaangen an am Haus ass erëm Liewen entstanen. Op eemol ass d'Dir opgaangen, an déi zwee Meedercher sinn erauskomm. Si waren gutt waarm ugedoen. Si haten ganz faarweg Anoraken, Schalen, Mutzen an Schong un an si hunn gejaut vu Freed an vun Iwwermutt. Eis Schnéiflack huet dunn erausfonnt datt si Carole an Carine gehéescht hunn an dass si Schwësteren waren. Déi zwou Persounen déi gëschter an deem Zëmmer ënnenan souzen sinn och erauskomm, et waren de Kanner hir Elteren an si hunn Liliane an Robby geheescht. Si hunn sech mat hire Kanner amuséiert, hunn Schnéiklatzen gedréint an si ganz lues op hir Kanner geschoss; duerno hunn si e groussen Schnéimännchen gebaut, an eis Schnéiflack, déi entretemps vum Dag vum Haischen erof op de Buedem gefall war, hat déi grouss Chance eng Platz uewen um Kapp vum Männchen ze kréien. Si huet et genoss der klenger Famill bei hirem Geblödels am Schnéi nozekucken an si war richteg glécklech, dass si aus hirer Wollek erausgesprongen war.

Esou sinn e puer Deeg vergaange. Déi zwee Meedercher waren nach kleng, si sinn nach net an d'Schoul gaangen, esou dass si nawell zimmlech oft dobaussen waren wann och ni fir ganz laang.

Lues a lues ass et méi waarm gin. Den Thermometer ass vun 10 Grad ënner null no uewen gaangen, ass kuerz bei null stoen bliwwen fir dann erëm weider ze klammen. De Schnéi ass geschmolt, vill vun eiser Flack hiren Frënn waren schon am Buedem versickert. Eis Schnéiflack hat e bëssen wéi ronderëm d'Häerz fir fortzegoen, et hat hir einfach ze gutt an der Bieleserstrooss zu Zolwer gefall. Aus dem wäissen Schnéiteppech hunn vun Stonn zu Stonn e puer weider Grashallem erausgeluusst, et huet een de Gaart erëm gesinn, de Schnéi ass vun de Beem an vun den Diech erofgefall.

Op eemol war den Tour un eis Schnéiflack komm. D'Sonn huet si bekuckt, huet si kuerz ugelaacht an hops ass eis Flack geschmolt an si huet sech duerch de Buedem op hir wäit Rees an d'Mier gemaach. Si ass laanscht Lëtzebuerg komm mat all hiren Bekannten, déi zu Milliounen Drëpsen d'Uelzecht gefëllt hunn, duerch d'Sauer an d'Musel ass si an de Rhäin gelaf fir schlussendlech an engem risegen Ozean erauszekommen. Do war et Gottseidank gutt waarm an et huet net laang gedauert bis eis Flack an Form vun Donst erëm an d'Luucht gaangen ass fir an enger riseger donkeler Wollek en neit Heem ze fannen. Dunn ass si erëm iwwer d'Welt geflunn, an si huet sech gefreet fir geschwënn erëm eng Kéier zu Zolwer kënnen erauszesprangen.

1996

Bonjour aus der Vakanz

Ech weess net wat ech Där soll schreiwen,
ausser dass ech hei wëllt bleiwen,
hei ass et locker a ganz cool,
t'läit een esou gutt beim Swimmingpool,

127

zemools wann een dann heemlech dreemt,
dass et doheem ganz kräfteg reent.

Mär hunn elo grad e Mann begéint,
deen war am Kapp ganz lüicht verdréint,
do hunn mer erëm un Dech geduecht,
a mär hunn eis do mol iwwerluecht,
op mär Där eng Kaart sollten schécken,
d'Timberen sinn deier - et muss een knécken,
trotzdeem e schéinen Bonjour vun hei,
et ass alles gutt an an der Rei.

Hei ass vill Sonn, e bëssen Wand,
e super Mier mat rengem Sand,
d'Klima ass gutt, et gëtt seelen Reen,
hoffentlech plätscht et wéinstens gutt doheem.

Salü, ech sinn hei an der Sonn,
ech loossen mär et ganz gutt gon,
ech sinn relax an schon schéin brong,
méi weess ech leider net ze son.

Eng Blumm an den Hor, e Cocktail am Grapp,
esou sëtzen mär hei bei der Schwemm
an denken un Dech, Du alen Dapp,
e schéinen Bonjour - bis geschwënn.

Fir z'iessen gëtt et hei bal näischt,
et reent vu moies bis owes spéit,
an d'Präisser sinn nëmmen fir déi Räich,
dës Vakanz ass eng Kalamitéit.

Loosst iech schéin brutzelen an der Sonn
gitt rosa, rout an dann schéin brong
Iesst all Dag alles dat wat dier wëllt
drénkt alles wat den Duuscht iech stëllt
wann där de Rämchen fotograféiert
passt op wéi hien sech positionéiert
et kann an däerf einfach net sinn
dass een seng Klacken kann gesinn.
Schéin Vakanz

De Covid 19 ass eng Plo

Hien läit all Mënsch ganz staark um Mo
Et ass scho krass wann ee maskéiert
Am Klassesall erëmspazéiert
D'Schüler gespléckt an A an B
E Feil um Buedem weist de Wee
Den Traçage deen all d'Schoulen man
Gëtt vun der Santé schlecht verstan
Et war bestëmmt schonn méi wéi een
Total gesond an Quarantän
Probéiert gëtt mol dëst mol dat
T'Kanner an d'Elteren sinn entsat
Dofir géing jiddereen begréissen
De Virus op de Mount ze schéissen.

Eisen Service wënscht äech vill Gléck
Bleift kärgesond a kommt gutt zréck
Da wieren mer eis mat Energie
Géint Duercherneen an Pandemie.

Diskussiounen, Diskussiounen

Diskussiounen, Diskussiounen
Ouni Sënn an Argument
Bësseg, eekleg Reaktiounen
Bis dass et an der Kichen brennt.

Wieder ouni Kapp a Fouss
D'Haaptsaach si dinn richteg wéi
D'Flemm gëtt lues a lues méi grouss
D'Léift fënnt hire Wee net méi.

Esou brécht no an no entzwee
Wat hätt sollen éiweg halen
Hei trennt sech elo eise Wee
Mär kënnen eis net méi halen.

Géi mat Gott, esou schnell et geet
Et war oft schéin mee et huet en Enn
Villes deet mär guer net leed
Haut hunn ech ganz einfach d'Flemm.

Sich der een dee bei dech passt
Deen déng Launen kann erdroen
Ech hunn dat net méi geschafft
Dofir ass elo Zäit ze goen.

Hannert der Post

Hannert der Post dréinen d'Autoen ëm
d'Haiserbléck,
fueren lues, bleiwen stoen, fueren och mol zréck.
Männer op der Sich no enger attraktiver Klont,
an hunn se d'Frau déi hirem Goût entsprécht fonnt,
gëtt de Präis ofgemaach, an da gëtt sech verdréckt
op e Parking, an en Zëmmer, an dann gëtt geféckt.
Et geet séier, well dobaussen an den däischteren
Stroossen
fueren schon déi nächst déi sech wëllen umaachen
loossen..

Si hunn Mini-Juppen un, Pelzemäntel an enk Blusen,
a fir 2000 Frang kanns Du mat hinnen schmusen,
mat hinnen pennen op engem Parking an der

Ëmgéigend vun der Staat,
esou gëtt d'Geschäft mam schnellen Sex gemaach.
Bei 5000 Frang Asaatz däerfs de mat op d'Zëmmer
goen,
rout beliicht, Matraz um Buedem, et gëtt sech
schnell ausgedoen,
et gin wéineg Wierder verluer, et geet gläich lass,
an d'Meedchen mécht dat woufir et bezuelt gin ass.

Si schwätzen Däitsch, Franséisch, Lëtzebuergesch
éischter sielen,
a si sinn ganz rar bereet eppes vun sech ze erzielen,
si soen där Du wiers net schlecht, Du wiers éischter
gutt gebaut,
t'wier kal dobaussen, an du wiers den éischten Client
fir haut.
Du bass erreegt, bass gutt drop, dann gëtt de
Gummi erausgeholl,
d'Erregung geet zréck, mee Du weess dass een net
ouni verkéieren soll.
Du kucks de Kierper niewent Där an Du fënns et
immens schued,
dass dat Meedchen näischt anescht am Liewen
opzeweisen huet.

Ass déng Gier op Sex gestëllt, gees de bei den Auto
zréck,
Du hues nawell vill bezuelt fir eng kleng Illusioun

vum Gléck,

mee de Reiz deng Tier ze dréinen an de Gaassen bei
der Post

huet dech béis ugemaach, an Du hues jo och
gewosst,

dass an deem Milieu Gefiller total niewesächlech
wieren

Du bass awer net amstand fir de ee fir alle Mol ze
schwieren,

dass de haut fir d'allerlescht an dësem Eck verkéiert
bass

vläicht dauert e puer Wochen, an dann gees Du
erëm lass.

1996

Kräizer

Et stinn oft Kräizer nieft der Strooss,
do huet e Mënsch säin Liewen gelooss,
Du frees dech op hien iwwerfall gin ass,
vläicht gouf en do vum Blëtz getraff,
vläicht huet säin Auto sech iwwerschloen,
vläicht krut en e Schlag iwwert dem Goen,
dat Kräiz erënnert dech ëmmer drun,
dass een deen voll am Liewen stung,
op dëser Platz huet missen stierwen,
an wollt en nach esou gären liewen.

Pensées........

On se rencontre,
On fait un bon bout de chemin ensemble
Pour se quitter.
Parce que ni l'un, ni l'autre n'a la force
pour résoudre
en commun les problèmes
qui se sont entassés au fil des ans.
Et subitement
on se réveille,
comme après un long cauchemar
et on doit constater
qu'il est bien trop tard
pour réparer les dégâts.

Requiem fir e Chef

T'war him oft schlecht, hien war ganz bleech
All Dommheet huet hin opgereegt
Dann ass hien aus der Haut gefuer
An huet gebläert: „Et geet elo duer"
Hien ass ganz séier explodéiert
An huet säin kléngt Team schikanéiert
Dat war ganz oft ganz béis an Rage
An duecht bei sech: „Leck mech am Aasch.
D'Brisch war säin beschten Päerd am Stall
D'Fra mam Stempel, Där kennt s' all
Sie huet ganz eescht an konzentréiert
De Courrier säitenweis datéiert
Huet Dossier'en ugeluecht
Sie hat am Fong déi meeschten Muecht
An d'Diskretioun déi war esou héich
D'wosst keen méi wat den aneren méich.
Bonjour, Salut war net méi in
De Grant ass Här a Meeschter gin
Den MPP gouf provozéiert
Et gouf gemeckert, kritiséiert
D'Entscheedungskraaft déi war ganz kléng
Fir net ze soen et gouf guer kéng

Ech sinn och do wann ech net do sinn
Dat ass de Saz vum leschter Joer gin
An ech duecht dass déi doten Froen
Just an der Bibel géingen stoen.
D'Prozeduren goufen laang
Firwat huet kee Mënsch verstaan
An goung et dem Chef dann duer
Ass hien op de Brill gefuer
Do am milieu scolaire
War hien nees en echten Här
Ouni Elteren déi maulen
An engem den Dag vergraulen
Ouni d'Dammen vum Parterre
Dësem Trio du tonnerre
Ouni Lasep, Stonnepläng
Dem Klimbim vun der Gemeng
O wat ass een dach gutt drun
An der Schoul keng Klass ze hunn.
Wann *een* krank war, dann just hien
Déer haarder war hien keen
Mol hat hien de Kriibs um Domm
Mol en Zéien op der Long
Mol e Fleck op sengem Aarm
Mol e Rubbelen déif am Daarm
Mol en Kribbelen ronderëm d'Häerz
Hier war de Champion vum Schmäerz
Do war just ee kléngt Problem
Vun all de Bobboen hat hie keen.

Elo wou hien eis dann verléisst
Ass am Fong keen richteg béiss
Am Géigendeel, mär sinn all frou
An dat ass och ganz gutt esou
A kinnten mär e Wonsch ausdrécken
Dat wier et dass si eis e schécken
Den e bëssen ass wéi dee virdrun
Well dësen hat eng mat der Dunn.

Salü mäi Papp

Salü mäi Papp, du alen Draach
Wéi ass et mam Gemitt
Hues Du fir haut schonn s mol gelaacht
Oder bass De nees doudmidd?

Wat ass dat mat dem Iessen hei
Bei Där am Heim zu Hamm
Ass wierklech näischt hei an der Rei
Dann huel emol den Tram
Fuer erof an d'Staat bei de Pizza Hut
Oder an de Carrefour
An iess mol eemol vill a gutt
A sief dach net esou stuer
Fir all Dag 3mol ze betounen
Du häss keen Appetit
Well op der Welt gëtt et Milliounen
Wou keen e gudden Maufel kritt.

Et gëtt jo näischt méi op der Welt
Wat Dech nach kann erfreeën
Keng Platz méi wou et Där gefält
Du hues keng Wënsch keng Dreem
Dat wat's Du hues dat well's De net
Alles ass Dréck a Knascht
Ech weess net op et eppes gëtt
Wat gutt ass an näischt kascht.

D'Gromperenzalot ass en rout Duch
De Wirschtchen ass net frësch
A Mëllech kennt der ni genuch
Op ären Kaffisdësch.

Ass Där no Filet Américain
Da bréngen ech Där es mat
Mee Du häss léiwer e grand vin
E gudden Miseler Patt.

Dat wat een Där déi eng Woch bréngt
Dat steet d'Woch drop nach do
Däi Schicksal hues Du net verdéngt
Et ass eng eenzeg Plo.

Esouguer Äppel schmaachen Där net méi
An Kichelcher nach manner
Keng Sonn, kee Lidd, kee Buch, keng Bléi
Kee Bild vu menge Kanner
Kann Dech aus dengem déiwen Leed
Un d'Dagesliicht erauszéien
T'ass näischt méi wat Där richteg geet
Et ass fir d'Flemm ze kréien.

Däin Liewen war, ech weess et och
Beileiwen kee Genoss
Du gouf's ëmmer an engem Zoch
Eleng sëtzen gelooss.

Ech weess net wéi en Hellegen
T'Hand iwwer Dech sollt halen
T'war bestëmmt kee Gefällegen
En onzefriddenen Alen
E granzegen, knouteregen Typ
Deen ausrangéiert war
Net liewensfrou, mee liewensmidd
En ausgeflippten Nuar.

Ech wier jo gären fir Dech do
Et feelt net un der Platz
Mee Däin Zoustand dee kenns Du jo
Et wier alles fir d'Katz
Du wiers bei eis zu Uewerkuer
Kee Fonken méi zefridden
An t'Yvonne dat misst gläich an d'Kuer
Esou géings Du hatt ermidden.

Ech hunn mär Dech mol virgestallt
Als léiwen alen Här
Et Liewen huet dat net gewollt
Et war de falschen Stär
Ënnert deem eist Verhältnis stong
T'ass ni dat richtegt gin
Et ass eis leider ni gelong
Fir Papp a Jong ze sinn.

Sechs a siechzeg

Sechs a siechzeg ass richteg schéin
Well déi Zuel sech esou schlecht verdréint
An deem Age geet – t'ass net gelunn
däi Liewen nees vum Ufank un
Du fills dech wéi ee Superman
dee ganz vill weess an alles kann
Du bass energesch a vital
Gesäis gutt aus, bass echt jovial
Du géings gären op Bierger klammen
Vill Vëlo fueren a wäit schwammen
De Marathon vu Boston lafen
Ee Brillant fir an d'Ouer kafen
Fir all dat hues Du nach gutt Zäit
Den Alter ass fir dech nach wäit
looss där et haut ganz gutt ergoen
verbréng een Dag ouni ze kloen
Géi lass a looss et richteg kraachen
looss Där de Pättche prima schmaachen
Ech si bei där mat de Gedanken
A géing am léifste mat där tanken
A wënschen där zu gudder Lescht
Vun allem nëmme just dat bescht.

Spaassbremsen

T'gi Leit, dat ass net fir ze laachen
Déi engem d'Liewen schwéier maachen
Déi hannert allem eppes gesinn
Problemer schafen wou et kéng ginn
Si huelen näischt vun engem un
A mengen ëmmer Recht ze hunn
Si behuelen sech ewéi e Blannen
Mat allem wat se op Facebook fannen
Si splécken Wieder bis op d'Blutt
Well éischter deet et en net gutt
Argumenter kënnen se leider net
Well et Diskutéieren fir si net gëtt
Beherrschung dat ass friem fir si
A mea culpa soen en se ni
Si dréinen sech ewéi eng Schlaang
A meeschtens dauert et net laang
Bis dass du de schwaarzen Péiter hues
Dar Ganzt dat nervt mech esou lues
Si kënnen motzen stonnelaang

An hirer klenger Welt gefaang
Konflikter léisen kënnen se net
Well et fir si den 1. Schrëtt net gëtt
Si kënnen där op d'Nerven gon
Well si där dauernd wëlle son
Wéi's Du misst alles besser maachen
An do ginn et honnerte Saachen
Du schalts mäin Handy net richteg aus
Bei där kënnt nees deng Mamm eraus
Ech hätt ass dat wat si där soen
Wann si sech iwwert dech bekloen
Ech hätt dëtt an ech hätt dat
Ech hätt alles anescht gemaach
Dat si et sollen selwer mat
Dat fält hinnen leider net an
Sozial gestéiert, enk am Geescht
Ech erliewen leider wat dat heescht
Wann een sech total isoléiert
Ass een dach iergendwéi gestéiert
E gudde Patt kann lecker sinn
Wa et kéng Streidereien ginn
A kommen se dach eemol fir
Läit t'Schold vun allem just bei mir
Wann engem seng Lëpsen no ënnen ginn
Da kann ee wonnerbar gesinn
Wéi Gaascht an Onzefriddenheet
Nodroen, Motzen, Klenglechkeet
E Mënsch beherrschen bis op d'Blutt

Sou Leit dinn engem seelen gutt
Onzefriddenheet op 2 Been
E beonrouegenden Phänomen
Eng Flatrate voller Granzegkeet
Gemeckers wou et nëmmen geet
E Mënsch ganz voll mat Arroganz
Rassismus an Intoleranz
Et gëtt eppes wat se net gesinn
Wéi si engem op d'Nerven ginn.

Steine die im Meer versinken,
verschwinden meist für alle Zeit,
Du kannst ihnen noch kurz zuwinken,
dann tauchen sie ein, in die Unendlichkeit.

T'ass Wanter

D'Welt gesäit aus wéi wäiss gepuddert
de Schnéi läit schwéier op de Beem
d'Deieren ginn op d'Sich no Fudder
eng kleng Bach sicht hire Wee.
Äiszapfen liichten an der Sonn
a blenken wéi kleng Diamanten
en Hingerdéif deen dréit seng Ronn
e Pompjee entäist rout Hydranten.
T'Kanner sinn frou a ginn net midd
si lafen iwwert d'Äis vum Séi
um Bierg do fueren se mam Schlitt
a wenzelen sech am frësche Schnéi.
E Schnéimann steet an engem Gart
mat Mutz a langer Nues
t'Mënschen an der ganzer Stat
si ganz relax a mache lues.
Eng Frau déi botzt hiert Vullenhaus
e Mann dee schëppt de Schnéi vum Wee
e Streewon street seng Luedung aus
de Bréidréier rutscht um Pavee.
Am Wanter do kënnt d'Nuecht ganz fréi
Iwerall ginn d'Luten un
a liichten wéi Pärelen am Schnéi

Ech sinn richteg frou mat där

Ech sinn richteg frou mat där
och wann s du mengs et kéint net sinn
wann s du mengs, dass et besser wär
mär géingen eis net méi gesinn.

Mär kënnen esou gutt mateneen
verschidden Deeg do klappt et net
da stinn mär tockeg am Schloreen
dat ass dat dommsten wat et gëtt.

Januar 2020

Ech weess, dass ech där op d'Nerven ginn

Ech weess, dass ech där op d'Nerven ginn
dass mär eis dacks net gutt verstinn
ech weess oft net wat ech soll soen
du stells mer Froen iwwer Froen
firwat hues du dat do geduecht?
dat war nees guer net iwwerluecht
ech léien wann ech de Mond opdinn
well éierlech kann ech net sinn
ech hunn schon esou vill Leit bedrunn
der Däiwel weess vun wéini un
fir dech sinn ech de leschten Dreck
vläicht wëlls du hunn ech wier muer freckt
wat d'Zukunft bréngt, dat weess ech net
hoffen, dass just alles besser gëtt.

Januar 2020

Eng Mauer

En Mauer kann kéng Schnësser schneiden
net motzen an net provozéieren
net wéidon, lästeren an net streiden
net zweiwelen an net diskutéieren.

Eng Mauer huet ganz vill Gedold
si lauschtert där gedëlleg no
sicht net no Feeler oder Schold
a stellt net wat's du sees a Fro.

Ech dreemen ëmmer méi dovun
esou eng Mauer am Aarm ze hunn

Abrëll 2020.

Schwartau Samt

Mär sinn gëschter ganz wäit gereest
wat mär gesicht hunn, war Gebeess
obschonns et ganz vill Zochten gin
huet eist vun „Schwartau" misse sinn.

Well dat Gebeess am beschten schmaacht
hu mär eis emol op d'Sich gemaach
et ass traureg, dass an eisem Land
ee bal näischt fënnt vun der Mark „Samt".

Well dat eis staark op d'Nerven geet
hu mär eis op de Wee gemeet
a Richtung Pärel am Nopeschland
do si mer bei „REWE" gelant.

Et ass flott wann een sech richteg freet
wann ee vrun de Regaler steet

do stinn se stramm wéi Majoretten
Glieser mat faarwegen Etiketten
Uebst a verschiddenen Variatiounen
fir Zong a Gaumen ze belounen.

Um néng waren mär nees doheem
mat dem Gebeess vun eisen Dreem
a freeën eis ewéi e Kand
op déi éischt Schmier mat guddem „Samt".

Mäerz 2020

Wann

Wann d'Gefiller lues verschwannen
Wéi den Niwwel op dem Feld
Wann Wieder kee Wee méi fannen
Wann déng Welt zesummefällt
Wann déng Dreem wéi Blose platzen
Kritt däi Liewen 1000 Datzen.

14.02.2020

<u>Wat ech soen…..</u>

Wat ech soen, dat héiers Du net
Meng Wieder sinn wéi Seefeblosen
Wat ech gesinn, gesäis Du net
Dat mécht mech depressiv a rosen.

November 2020

Wann ech emol nuets net schlofe kann

Wann ech emol nuets net schlofe kann
Da falen mär oft Gesiichter an
Déi ech ni méi erëmgesinn
Well et se einfach net méi gin.

Ech denken u vill Stonnen Freed
U Matgefill, gedeeltent Leed
Un Ausgeloossenheet a Spaass
Gutt Iessen, Wäin, Béier vum Faass
U Frëndschaften op der Gemeng
U Streidereien, grouss a kléng
Un haart a stresseg Episoden
U Frënn déi een bei Nout beroden
Un eenzeler aus der Famill
Zesummenhalen, Matgefill
Eng Fotoskëscht mat Biller dran
Wou ech ëmmer nees kucken kann
Wat sinn et dach schéin Zäiten ginn
Déi net ze widderhuelen sinn.

De Fred, den Tunn, de Jos, den Tom
De Pier, de Jeannot an de Rom
De Félix, d'Monique an de Jang
D'Maisy, d'Julie, d'Marie-Jeanne
All déi Gesiichter falen mär an
Wann ech emol nuets net schlofen kann.

02.03.2021

Et ass esou lues Zäit fir mech ze goen

Et ass esou lues Zäit fir mech ze goen
Déi lescht Zigarett, déi ass gefëmmt
Et bleift e ganzen Beidel Froen
Wou keen vun eis eng Äntwert fënnt.

Vill Wieder goufen net gesot
Vill Lidder net gesongen
Vill Suergen huet keen hannerfrot
Ze liewen ass ei ni gelongen-

Et ass Zäit ze goen, d'Dier fält zou
Meng Gedanken spillen Achterbunn
Vläicht fannen ech een Dag meng Rou
En neit Kapitel fänkt elo un.

Mee 2021

„Specials'....

Ech hunn an alen Dossier'en vun den
Fräizäitnomettecher geraumt an dunn sinn ech op e
Lidd gestouss dat iergendeen am Joer 1982
geschriwwen huet. Et ass zwar e bëssen knubbeleg
geschriwwen, mee ech fannen et et awer guer net
esou schlecht als Erënnerung.

50 Joer

Wéi oft hunn ech et fäerdeg bruecht
fir iwwerstierzt oniwwerluecht
1000 Saachen duercherneen ze bréngen
et sollt mär vill ze oft geléngen

Mat Chaos machen Erfolleg ze hunn
ech denken alt nach oft nach drun
mä och wann keen Mënsch et versteet
dat meescht deet mär emol net Leed

Wann och villes onverständlech schéint
onerklärlech, traureg an verdréint
esou hat dach alles iergendwéi e Sënn
et goufen Ursaachen an Grënn
déi een ganz schwéier verstoen kann

Et war net falsch vun Zolwer fortzegoen
ech war echt net méi ze erdroen
ech war total niewent dem Dill
an meng alldeeglech néideg Promill
hätten an ganz kuerzer Zäit
déi ganz Famill an de Misär gehäit

Ech war net amstand mech opzefänken
ouni Drénken konnt ech net méi denken
net méi liesen, net méi schlofen, net méi laachen

kéng Plangen an kéng Fotoen méi machen
d'Léift zum Lil an zu de Kanner
war ëmmer grouss an gouf ni manner
mee den Alkohol stoung iwwerall ze laueren
an et sollt bis 1996 daueren
bis den Albdraam eriwwer war.

Et war och net falsch dem Germy bäizestoen
konnt hatt säin Bouf och ni verstoen
t'war deels wéi iwwer Schierbelen lafen
oder wéi waarm Kuelen opzerafen
t'war eng Relatioun ganz ouni Häerz
si hat just Zäit vir hiren Schmäerz
fir Klapen, Meckeren an Beschass
méi war mat hier wierklech net lass
si hat am Fong keen Häerz am Leif
op déer Platz hat si e Safe
fir all Schäiss huet si mech geruff
Stonnen soutz ech an hirer Stuff
fir dëst an dat an t'Rei ze kréien
hir d'Korrespondenz ze explizéieren
bis 1999 den Albdramm eriwwer war.

Matt mengem Papp ass et mär am Fong
ni esou richteg gelong
dauerhaften Kontakt ze hunn
luch eis zwee vläicht näischt dodrun
ech kann et wierklech net soen

dat sinn esou déer Zochten Froen
wourop keen eng richteg Äntwert huet
et ass menges Wëssens ni en haart Wuert
tëschent eis gefall an dach
denken ech aplaatz u Mëllech éischter u Brach
wann ech d'Gefiller misst beschreiwen
déi eis op- oder auserneen sollten dreiwen
ech mengen ech kënnt awer net bestreiden
dass hien mech extrem gutt konnt leiden
an dach huet et net geklappt.

50 Joer? war soll ech do soen
Et fänkt een esou lues un mat kloen
Emol huet een eng Péng am Genéck
Den aneren Dag do kraacht de Réck
Du bass och méi vergiesslech gin
Problemer gin et mam Gesinn
Am Däischteren gesäis du kéng Maus
Beim Trapen goen geet d'Loft Där aus
Klëmms Du op d'Wo da flitt den Zär
Nom Iessen rascht s Du op emol gär
An plëtzlech mierks de och beim Béier
E rutscht wuel nach mä manner séier
A heiansdo stierft een vun Déngen Frënn
Mä Kapp héich et huet weider Sënn
Un d'Zukunft ze gleewen.

2003

162

All Mënsch ass en Individuum

Ech denken am Moment un eng Iddi, déi mech beschäftegt a wou ech net weess mat wiem ech soll doriwwer schwätzen.

De Mënsch besteet aus enger ganzer Rei vun Elementer wouvun déi eng sech weider net veränneren, wärenddeem déi aner enger permanenter Mutatioun ënnerstinn.

Wat sinn déi Elementer, déi wéi Legosstecker d'Persoun vun engem Mënsch ausmaachen?

Do ass emol d' Natur, déi een engem astrologeschen Charakterbild kënnt gläichstellen. Wann et haut och méiglech ass, wéi heiansdo behaapt gëtt, ze bestëmmen, op dat Kand wat een kréien wëll, e Jong oder e Meedchen soll sinn, sou ass et awer nach ëmmer onméiglech d' Natur vun dësem Mënsch ze beaflossen. D' Natur hält fest op e Mënsch impulsiv oder tolerant ass, op en nodreoend ass oder op e séier verzeien kann, op e stuer oder konziliant ass, op e gären ënner Leit ass oder net, an esou weider. Déi naturell Eegenheeten vun engem Mënsch kennen duerch d' Erzéiung verstäerkt oder ofgeschwächt gin, ofgeschaaft gin kënnen se net.

No der Natur ass all Mënsch vu sengem Wiesen dominéiert. D' Wiesen sinn Gewunnechten, Erfarungen, gutt a manner gutt Situatiounen, déi e Mënsch am Laf vun der Zäit zu deem maachen wat en ass. D' Wiesen vum Mënsch kann sech nëmmen an deenen Grenzen veränneren déi vun senger Natur virgi sinn. E Mann deen zum Beispill immens kontaktfreedeg ass, de kann duerch den Afloss vun engem Partner, méi introvertéiert gin. Wann's Du em dann de Partner ewech hëls an en an en total anert Ëmfeld setz, da wäert's de erëm gesinn, dass de Mann erëm, déi Fäegkeeten vun Kontaktfreed entwéckelt, déi senger Natur entspriechen.

De Charakter gëtt vun de Leit, déi e Mënsch emgin, als gutt oder schlecht bezeechent. Dobäi ass de Charakter dat wat de Mënsch am Laf vun senger Vergaangenheet entwéckelt huet. De Charakter ass dee Punkt, deen bei all Mënsch deenen meeschten Aflëss ennerléit. Wéi soen d' Fransousen: «à caractère compliqué, à caractère spécial». De Charakter ass dat wat d'Leit dobaussen am meeschten gesinn mee et ass och de Punkt an enger Perséinlechkeet deen vun deenen meeschten Leit am Ëmgang mat enger Persoun beaflosst gëtt. A kuerze Wieder: de Charakter ass de Spigel vum Ëmgank deen een huet.

No der Natur, dem Wiesen an dem Charakter ass de Mënsch nach bestëmmt vun engem Op an Of vun Astellungen oder Iddien, déi en huet an déi sech an engem permanente Ännerungszyklus befannen. E kann zum Beispill een Dag, wëll e rosen iwwert eppes sinn, eng Iddi, déi e soss géing ganz gutt fannen géing, bei der Däiwel wënschen obschonns dat wat e kritiséiert net senger ënnerer Iwwerzeegung entsprécht, mä enger Laun vun engem Moment. E kann houeren Portugis soen, well e Südlänner em d' Virfaart geholl huet, ouni dofir e Rassist ze sinn. E kann houeren Preis jäizen an sech dofir awer an Däitschland ganz wuel fillen. E kann natierlech och eng Grupp vu Leit verdamen ouni dass en eppes géint deen eenzelen aus déer Grupp hätt. Et ass esou wéi sou ëmmer ganz delikat wann Leit sech a Gruppen vereenegen: Du mengs ëmmer dass dat wat de Grupp vun sech gëtt och d' Meenung vun dem eenzelen wier. Dobäi ass deen eenzelen an engem Grupp nach ëmmer eng Individualitéit fir sech, deem s de mol nolauschteren solls fir ze erfueren op seng Astellung éischter majoritär ass oder op se individuell,

166

perséinlech an anescht ass, wéi déi wou se an der Zeitung schreiwen si wier d' Meenung tout court vun deem Grupp.

Als Konklusioun vun haut kann ech just soen. All Mënsch ass en Individuum. All Individuum muss een nolauschteren an et däerf een net fäerten déi positiv Iddien vun engem aneren unzehuelen, esou guer wann se dat op d' Kopp geheien wat's Du nach gëscht als déng fielsefest Iwwerzeegung betruecht hues,

26. Februar 1996

Am Zirkuszelt

E Zirkuszelt, schéin wäiss a blo,
den Himmel dobaussen, knaschteg gro,
Du sëtz mat déngen Suergen do
a spiers en Roserei am Mo,
mee et héiert keen déng heemlech Klo
well d'Zelt ass eidel, et ass keen do.

Daat Gedicht vum Kiirmeszelt as mer agefall,
nodeems ech méng Mamm an d'Weilerbach gefouert
haat an nach op der Déifferdenger Kiirmes stoen
bliwen sin fir en Gyros z'iessen an en Humpen ze
drénken. Et war kaal wéi e Schwäin, déi meeschten
Buden haaten zou an et waren logescherweis baal
keng Leit eraus

1996

Bei der Barrière 2

All Dag stinn si do, géint 8 Auer. D'Barrière ass zou. Si ass bal ëmmer zou an déi Kéieren wou si op ass kann een op de Fangeren vun enger Hand opzielen.

Si, dat ass emol d'Claudine, dat mat sengem Meedchen an d'Schoul geet. Et ass de Jacques, deen mat sengem Auto an den Adler schaffen fiert. Et ass den Marc, deen seng Fra op d'Gare begleet huet an op sengem Heemwee vun der Barrière opgehalen gin ass.

Si hunn sech am Fong ni weider kannt, mee well si all Dag virun der zouener Barrière stinn, hunn si iergendwann eng Kéier ugefaange mateneen ze schwätzen.

Am Ufank hunn si vum Wieder, vun der Vakanz an aneren Banalitéiten geschwat. Mee am Laf vun der Zäit hunn si sech besser kennen geléiert an si hunn sech och Saachen erzielt, déi si beschäftegt hunn an déi si am Fong net konnten an hirem Stot zur Sprooch bréngen.

Si wunnen alleguer an enger Cité. D'Leit kennen sech, mee si hunn awer weider keen méi enken Kontakt mateneen. D'Haiser an der Cité gesinn praktesch alleguer d'selwecht aus. Si hunn all eng Garage, e Grill hannert dem Haus, e klenge Gaart an et wunnen iwwerall Leit déi plus ou moins een Alter hunn. An all Haus gëtt et een oder méi Kanner tëschent engem an 12 Joer, d'Pappen schaffen all sief et als Privatbeamten oder als Fonctionnaire op enger gudder Platz, d'Mammen machen d'Hausaarbecht, gin an den Cactus oder an den Match akafen, schwätzen iwwert déi aner Leit, an d'Liewen leeft esou ganz lues weider ouni dass een sech géing Gedanken maachen op dat Liewen dat een elo lieft, dat ass wouvun een ëmmer gedreemt huet.

Just bei der Barrière, do kommen sech d'Claudine, de Jacques an den Marc ëfters méi no wéi si et wëllen.

D'Claudine erzielt, dass säin Mann déi nächst Vakanz gebucht hätt. Hatt géing esou schrecklech gären a Griicheland fueren, mee dat ass fir säi Mann keen Thema. Do gëtt Joer fir Joer d'Zeitung duerchgebliedert, d'Präisser vun den

Appartementer op der Côte gin verglach, et gëtt gekuckt wéi wäit déi verschidden Wunnengen vum Mier ewech leien, an dann stellt sech nach meeschtens just d'Fro op d'Rees éischter an d'Géigend vun Nice oder méi erof op de Cap d'Agde soll goen. Joer fir Joer, Enn Juli oder Ufank August, spillt sech dann deen selwechten Zenario beim Claudine of. Paken, a Richtung Dijon a Lyon fueren, duerno weider bis op Orange, an dann gëtt entweder no riets oder no lénks ofgebéit. All eenzelen Dag vun der Vakanz ass an engem gewëssen Moos am viraus festgeluecht. En Dag op d' Plage, en Tour an d'Hannerland, en Ausflug an déi nächsten grouss Stad, erëm op d'Plage, dann an en Aquapark. Moies geet säin Mann Croissanten kafen, hatt mécht de Kaffi, säin Meedchen sëtzt virun der Televisioun. Mëttes gëtt eng Klengegkeet op enger Terrasse giess, owes geet et an e Restaurant an den Dag gëtt dann mat enger Flesch « Côte de Provence » ofgeschloss. Et kann een net behaapten, dass d'Claudine glécklech wier iwwert déi Vakanzen, mä wat mëscht een net alles fir de Fridd am Haus. Dem Claudine säin Meedchen, ass näischt anescht gewinnt.

Den Marc mëscht no baussen en total zefriddenen an ausgeglachen Androck. Hien as ëmmer brong, well hien all Woch an de Solarium geet, hien fiert all zweeten Dag zing Kilometer mam Vëlo an hien gesäit aus wéi d'Schauspiller an verschiddenen amerikaneschen Fernseeserien. Vill Leit beneiden hien, mee wann hien ufänkt iwwer seng Suergen ze schwätzen, dann gesäit d'Welt guer net méi esou roseg aus. Säin Astrid war an der Zäit e flott Meedchen an den Marc war begeeschtert wou hatt d'Accord war fir hien ze bestueden. Am Ufank war nawell alles ganz okay, mee mat der Zäit huet hatt Depressiounen kritt an et huet ugefaange Medikamenter ze huelen. Hatt huet Pëllen gebraucht fir ze schlofen an anerer fir am Dag d'Flemm net ze kréien. An enges gudden Daags war hat schwanger. Säin Puppelchen ass an sengem Bauch gewuess, mee hatt huet net opgehale seng verschidden Drogen anzehuelen. Wou säin klénge Bouf op d'Welt komm ass, hunn si hien Nico genannt mee d'Famill hat net vill Zäit fir sech ze freeën. Dem Kléngen seng Fangeren waren zesummen gewuess, hien hat eppes un den Aen a mat der Zäit gouf festgestallt dass hien och am Geescht e bëssen hannendran war. Den Marc huet sech missen beherrschen fir dem Astrid net ze vill Virwërf ze maachen, well hat nach ëmmer riskéiert huet an Depressiounen zréck ze falen. Den Marc wollt awer och net mat nëmmen engem Kand weiderliewen, engem Kand dat derbäi nach behënnert war. D'Astrid gouf nach eng Kéier chwanger, no enger Therapie hat hatt seng Ofhängegkeet vun de Medikamenter nawell gutt am Grëff. Dat zweet Kand, dem se den Numm

Pol gin hunn, war tipp top an der Rei an net nëmmen dat. Et war e Bild vun engem Kand an en ass iwwerall bekuckt an gehätschel gin. Dat huet dem Nico wéi gedoen, ganz wéi an wou hien méi al gin ass an lues a lues d'Wourecht iwwert de Grond vun senger Behënnerung erfuer huet, huet hien lues a lues Haass géint seng Mamm empfonnt. Et sinn Spannungen an der Famill entstane. De Nico war schlecht an der Schoul, et ass oft de Geck mat him gemaach gin an schliisslech ass hien an enger Spezialschoul an der Belsch gelant. Dem Paul dergéint ass alles gelongen wat hien ugepaakt huet an well et e richteg flotten Typ war hat hien och e groussen Succès bei de Meedercher. Haut mécht hien Carrière bei der Arméi. D'Astrid an den Marc haten vill Problemer an den tëschemënschlechen Bezéiungen vun hirer Bouwen ze léisen. Et huet gekraacht am Stot. Ëmmer méi oft. An d'Joren sinn vergaange. Déi zwee Bouwen sinn erwuesse gin an den Marc an d'Astrid hunn sech ganz eescht gefrot op si sech sollten scheeden loossen oder net. Si hunn sech beroden gelooss, vun Dokteren, vun Psychologen, vun « Eheberater». Si haten esou guer den Paschtouer em Rot gefrot. An dunn ass d'Astrid as eng drëtten Kéier schwanger gin. Dat kléngt Corinne geet elo an d'Spillschoul. D'Astrid fiert e puermol d'Woch an d'Staat an d'Therapie. Den Marc geet dann mat him bis op d'Gare. Op sengem

Heemwee steet hien dann oft virun der Barrière. Grad esou, wéi d'Claudine an de Jacques.

De Jacques fir säin Deel huet net ganz vill ze erzielen. Hien ass doheem bei senger Mamm. Moies fiert hien schaffen, owes kënnt hien heem. D'Denken an d'Plangen iwerhëllt seng Mamm fir hien. Moies um sechs rabbelt de Wecker, de Jacques steet op, hien mëscht sech fäerdeg, fiert schaffen. Owes kënnt hien heem. An dat war et dann schonn.

Bei der Barrière: Mënschen fannen sech.

1996

All Dag geet nees en neien un

All Dag geet nees en neien un
En aneren wéi dee virdrun
Du weess nach alles wat gëscht war
A bereets dech elo haut fir op muar.

D'Zäit leeft ëmmer méi séier
Do matzehalen ass oft schwéier
Fänk all Dag un mat fräschem Mutt
Genéiss all Stonn an all Minutt.

Looss dech vu kengem provozéieren
Probéier Dommheet ze ignoréieren
Looss Sandkären net zu Dünen ginn
Déi dauernd a Beweegung sinn.

Da kanns de owes zu där soen
Wéi schéin ass d'Liewen ouni Kloen.
Et ass eng richteg Symphonie
E Mix aus Suerg an Harmonie
Et ass dat eenzegt wat et gëtt
Well en anert kriss du net.

D'Oueren zou, , d' Gehier blockéiert

D'Oueren zou, d' Gehier blockéiert
Kee Kaméidi méi deen dech stéiert
Ofgeknipst vun dëser Welt
Kee Geräisch méi dat mëssfält.

Keent vu Vullen. déi frou sangen
Keent vu Wellen, déi iwwer Fielsen sprangen
Kee Gebabbels vun engem Kand
Kee Gepäifs vu staarkem Wand

Kee Gebläers vu Mënsch an Déier
Kee Getuuts am Stroseverkéier

Kee Gebimmels vu Kircheklacken
Kee Geklapper vun Troittoirsplacken

Kee Gemuhs vun enger Kou
Kee Moment mat grousser Rou
Kéng Sireen vum Pompjeeswon
Keen Toun aus der Foussgängerzon

Et gi Leit, déi hunn et gären
D'Ëmwelt total auszespären
Verpassen wéi et gutt deet wann
Een all d' Geräischer héieren kann.

2023

Ciara oder Sabine

Bleift am Beschten all doheem
Well si mellen Stuerm a Reen
Et kann och ganz kräfteg blëtzen
T' ass besser an der Stuff ze sëtzen.

Bleift alleguer an ärem Haus
A stellt op kee Fall Müll eraus
Gitt net duerch Park a Bësch spadséieren
Et ass keng Schoul, haut muss kee léieren.

Sport am Fräien ass annuléiert
De Stroosseverkéier ass perturbéiert
Vill Zich a Bussen fueren zwar
Awer ganz oft mat vill Retard.

D'Luxair deelt mat: et ass net dran
Dass esou e Fliger fléien kann
Den CGDIS ass staark gefrot
Iwwerall ass Virsiicht ugesot.

Um Facebook, wéi soll et anescht sinn
Do kann een am Detail gesinn
Wat esou am Land passéiert
A wat een am beschten evitéiert.

D'Stuermfront, ech erënneren drun
Huet selbstverständlech och en Numm
Sabine hunn se se hei genannt
Cirara a munch anerem Land.

Elo ass d'Sabine laascht gezunn
Den normalen Alldag fänkt nees un
Ech hoffen am Moment just eent
Dass et gläich manner bléist a reent.

10.02.2020

Beim Coiffeur

Ech hunn alt fonnt, ech wier net schlecht,
meng Hoer déi wieren net ze laang,
ech hunn se bal all Dag gewäsch
a fonnt si sinn nach gaang.

Si stoungen zwar, no lénks, no riets,
wéi dem Einstein seng do,
liicht wäit ewech vun menger Iets,
all Mënsch sot, wat eng Plo.

Bal all déi Leit, déi ech esou kennen
soten „déng Hoer sinn e Malheur"
„dat kann een net méi Hoerschnëtt nennen":
«Wéini gees Du bei de Coiffeur ? ».

Lo sëtzen ech dann hei am Stull,
a kréien grad de Kapp gewäsch;
niewendrun do zielt een vum 1 - 0
hien war nach gëscht op der Jeunesse.

«An hues de d'Juve och gesinn?
haushéich huet si gewonn,
déi hunn dem Ajax es gutt gin
2 - 0 no annerhallwer Stonn

och no Verlängerung war et gläich
et koum zum Eelefmeterschéissen
den Ajaxgolkipp deen war näischt
an seng Equipe huet missen béissen.»

Da geet et mam Geschnëppels un
«Wéi soll ech Iech se schneiden?
hätt där och gär e Scheed gezunn?
oder kënnt der dat net leiden?
d'Kotletten laang oder ganz kuerz?
wéi ass et mat der Nuque?
déi sinn awer nees schnell gewuess,
an Där hutt Schubber kritt
elo feelt nach just eng kleng Friktioun
da sidd Där nees wéi nei,
ech wetten awer eng Millioun
där sidd geschwënn nees

Dem Ben seng Analyse

De Ben huet sech net a Form gefillt. Et war net wéi wann him ëmmer eppes wéi gedoen hätt, hien huet gutt giess a gedronk, hien huet gutt geschlof mä am allgemengen hat hien d'Impressioun et géing him eppes feelen. Hien hat reegelméisseg lüchten Kapp wéi an heindso hat hien d'Gefill hien hätt e Sack Zement an der Broscht. Wou de Ben dunn eng Kéier gutt Zäit hat, dunn ass hien bei den Dokter gaangen. Deen huet him eng ganz Partie Analysen opgeschriwwen, hien missen an d'Roentgen goen, hien huet d'Häerz an de Kapp nogekuckt kritt an et huet sech erausgestallt, dass de Ben op medezineschem Plang kärgesond war. Domat war de Ben awer net zefridden, well hien huet nach ëmmer fonnt et géing him eppes feelen. Hien huet sengem Dokter en décken Kapp gemaach bis deen en schlussendlech bei en Psychiater geschéckt huet.

Do soutz hien dunn di bei deem der Praxis, an en huet eng Onmass vu Froen missen beäntweren. Hutt Där privat Problemer?, wéi ass et op der Aarbecht?, ass eppes an ärer Vergaangenheet dat Där net verschafft?, hutt Där Angscht vun der Zukunft oder vläicht finanziell Suergen? schreift Där Gedichter oder Prosa?, an esou weider.

Schliisslech huet den Psychiater him en wäisst Blat dohinner geluecht an en huet him gesot hien soll eppes drop molen. Dem Ben ass esou direkt näischt agefall mä op emol huet hien un eng kléng Dommheet geduecht, déi hien virun kuerzem an déi ugeschloen Fënster vun sengem Auto gemoolt hat. Hien hëlt e Bic an no enger Minutt huet den Psychiater säin Blat erëmkritt. E war e Brëll drop, eng Sonn an e Mount, a ronderëm waren lauter Kréngelen déi un e Fuesbännchen erënnert hunn, deen een auserneen bléist.

Domat war dem Ben säin éischten Rendezvous beim Psychiater eriwwer. D'nächst Woch sollt hien erëmkommen krut hien gesot.

Wou hien dunn déi zweeten Kéier do war, huet den Psychiater sech druginn vir dem Ben säin Gemools ze analyséieren. Dat huet sech dann esou unhéieren.

« De Brëll ass e ganzt kloert Zeechen, dass Där Suergen hutt, mee net wësst wou si am Detail situéiert sinn. Par conséquent, géing Där am léifsten e Brëll oder eng Lupp huelen fir si ze lokaliséieren. Dat kann évidemment net reusséieren, et pour cause. Meeschtens leien séilesch Anomalitéiten an der déifster Séil camoufléiert an et bedéngt schonns e laangen „procès d'analyse" fir si eraus ze kristalliséieren.

D'Sonn an de Mount par contre beleeën äert Wiesselbad vun de Gefiller. An engem Moment kënnt Där Iech ganz prononcéiert iwwert eppes freeën fir, dans l'immédiat, an eng déifsten Depressioun ze faalen. Hell an däischter, warm an kaal, lëschteg an bedréckt, en résumé, Sonn an Mount, Dag an Nuecht. Där hutt, au fond, eng Perséinlechkeet, déi no baussen wuel en stabilen Androck mécht, mä an ärem fort intérieur erënnert Där un e Vulkan, an ech fäerten dass deen eng Kéier aktivéiert kann gin, an dass et dann zu oniwwerluechten Reaktiounen kommen kann.

Déi Spiral déi äert Bild encadréiert ass e weidert Zeechen vun engem onstabilen Faktor an ärer Psyche. Där moolt keen riichten Stréch, nee Där moolt Créngelen.

Sonn an Mount a Kréngelen! Lauter Fakten déi op Instabilitéit hiweisen. Fir dës Situatioun ze regulariséieren, missten mär eng Therapie machen. Wann déi net gräift, kënnt ech mär nach eng cure médicamenteuse virstellen. Mä doran gesinn mär eréisch an e puer Méint kloer. Dat ganzt ass keng tâche aisée, mä mär kréien déi Saach schonns an de Gréff.»

Wou de Ben dunn erëm op der Strooss war, dunn huet hien fonnt dass hien elo Saachen iwwert sech gewuer gi war, déi hien nach net wosst an déi och net esou waren ewéi den Psy dat gedeit hat. Hien hat just e Bréll, eng Sonn an e Mount mat Kréngelen gemoolt well hien iergendwéi guer net molen kann an well dat 3 Saachen sinn, déi all kléngt Kand schon molen kann. Hien hat sech guer näischt, awer och guer näischt, derbäi geduecht. Wann s de net krank bass da soll s de net bei en Dokter goen, a schonns iwwerhaapt net bei en Psychiater.

Dem Ben hat déi Geschicht mam Dokter a mam Psychiater awer gehollef. Hien huet sech besser gefillt an vun do un huet hien et virgezunn iwwert seng zäitweileg Onzefriddenheet ewechzegoen an en huet sech virgeholl ni méi eng Zeechnung bei engem Psychiater ze molen. Stell der emol vir en hätt deemools e kléngt Kand mat enger Suckel an der Buedbidden gemoolt.

Mat all deenen Geschichten iwwert Kandsmësshandlung an der Belsch an hei am Land ....

1996

Der Mensch geht vor die Hunde

Ich merk mit jeder Stunde
Der Mensch geht vor die Hunde
Das sieht man auf den sozialen Netzen
Wie Hundebilder den Menschen ersetzen
Man sagt es würde solche geben
Die nur noch für den Struppi leben
Die Tag und Nacht ihre Runden drehen
Und mit dem Tierchen Gassi gehen
Es gibt den Hund mit GPS
Verfolgbar über Handy App
Es gibt den Hund von edler Rasse
Das Modell aus der Mischlingsklasse
Es gibt den Hund für Haus und Feld
Fast gratis oder für teures Geld
Es gibt den Hund der wacht und beißt
Und der der in die Wohnung scheisst
Und manche Leute kaufen gerne
Nen Vierbeiner aus weiter Ferne
Es gibt den Hund den muss man tragen
Obschon alle vier Beine haben
Es gibt den Hund der endlos bellt
Bis dass er Leckerlis erhält
Es gibt Hunde die sind so klein
Es könnten fast schon Mäuse sein

Und es gibt wahre Hunde Dinos
Zentnerschwer und riesengroß
Es gibt den Pudel, chic frisiert
Den Straßen Hund der ungeniert
Im Viertel seine Runden dreht
Und seine Häufchen hinterlegt
Doch kann es etwas schöneres geben
Als ein normales Hundeleben
Fressnapf – ernährt und Herr im Haus
Immunisiert gegen Wurm und Laus
Covid geimpft und gut vernetzt
Herr über Sessel, Haus und Bett
Was kann es da dann schöneres geben
Als einfach wie ein Hund zu leben.
2022

De Feind am Bett

Heiansdo mengen ech hätt
Mäin eegenen Feind a mengem Bett
Stänkeren, meckeren, attackéieren
Motzen, granzen, kritiséieren
Engem d'Wuert am Mond verdréinen
Endlos soueren iwwe Knéien
Behaaptungen ouni Kapp a Fouss
Egozentresch, stuer, jalous
An zu allem däerf een näischt soen
Soss geet et weider mat dem Kloen.

<u>E Gedicht fir den Johnny</u>

E Pelz wéi Seid, schwaarz, wäiss a brong
Ganz däischter Aen, an eng laang Zong
40 Zentimeter Zäertlechkeet
E Mupp voll Energie a Freed
Hien follegt, ass ganz gutt erzunn
An hien erënnert eis Mënschen drun
Dass et näisch schëineres ka ginn
Wéi bei dem Betty Mupp ze sinn.

Ech hunn

Ech hunn kléng Sténg a ménger Nier
Et staut des öfteren am Gehier
Ech muss pro Nuecht oft pisse goen
Vergiessen oft wat ech wëll soen
D'Gelenker dinn ëmmer méi wéi
Mol ass et d'Hëft, emol de Knéi
Do kann et dach net lëschteg sinn
Vläicht 100 Joer al ze ginn.

Ech kann einfach net roueg bleiwen

Ech kann einfach net roueg bleiwen
Ech muss all Dag kuerz Texter schreiwen
Emol iwwert de Misär an der Welt
Emol iwwer Sucht an Drogegeld
Emol iwwer Léift a grouss Gefiller
Emol iwwer lusch politesch Spiller
Emol optimistesch, mat vill Freed
Emol ouni Hoffnung, voller Leed
Emol mat Distanz an objektiv
Emol richteg kannereg an naiv
Heinsdo wëll ech de Lieser provozéieren
Heinsdo zum Denken motivéieren
T'mëscht ëmmer Spaass wann ech hei sëtzen
An op en Neits de Bläistëft spëtzen
Ech kann einfach net roueg bleiwen
Ech muss all Dag kuerz Texter schreiwen.

Ech hunn opgehal ze dreemen

Zanter ech weess, dass Mënschen stierwen
Op der Sich no enger besserer Welt
Dass Kanner an der Aarmut liewen
Verkaf, mësshandelt ginn fir Geld.

Zanter ech weess, dass Haiser brennen
Zerbommt aus puerem Mënschenhaass
Fanatiker kéng Grenzen kennen
A morden ganz eleng aus Spaass.

Zanter dass Präsidenten hetzen
Aplaz fir Fridden anzestoen
Zanter dass Rassisten sech vernetzen
Zanter dass Wierder näischt méi soen.

Dass eis Natur zerstéiert gëtt
Plastik a Müll eis Welt verknascht

Dat beschäftegt vill Mënschen net
Och wann all Tonn vill Suen kascht.

Wann e Student ganz ongenéiert
Bal alles vu senger Aufgab knäipt
An d'Uni dat nach toleréiert
Da geet dat einfach vill ze wäit.

Ech hunn opgehal ze dreemen
Déi Biller huelen mer de Schlof
Ech hunn opgehal ze dreemen
Dreem si wéi Bläi, zéien mech erof
Wou bleift dem Mënsch seng Mënschlechkeet?
Wou d'Matgefill an d'Toleranz?
Gëtt et Mëttel géint all d'Leed?
A géint politesch Arroganz?

Ech hunn opgehal ze dreemen.

2020

Eist Liewen ass kee Subjonktiv

Eist Liewen ass kee Subjonktiv
Et ass interessant an impulsiv
Et mécht där Spaass, et gëtt där Freed
Vun Zäit zu Zäit eng Portioun Leed
Mol bass du ausser Rand a Band
Fills dech wéi am Schlaraffeland
Mol bass du traureg, depriméiert
Mol ass et d'Wieder wat dech stéiert
Mol ginn déng Frënn op de Sou
Mol ass den eenzege Problem du
Mol bass de queesch, firwat weess keen
Schéint dann emol d'Sonn, da wëlls du Reen
Kanns just nach iwwer alles kloen.
Vun deem wënschen ech där villes net
Well et haut dech ze feieren gëtt
Genéiss den Dag mat Freed a Laachen
Free dech och iwwer ganz kléng Saachen
Bleif kärgesond, genéiss all Stonn
Maach aus dem Dag, en Dag mat Sonn
Et kann dach net esou schwéier sinn
All Joer e Joer méi al ze ginn.
Sief einfach frou dass et dech gëtt
E Choix hues du leider net.

Ech sinn net méi vun dëser Welt

Ech sinn net méi vun dëser Welt
bei Spotify sinn ech doheem
do kréien ech fir wéineg Geld
d'Musek vu mengen Dreem.

Ech lauschteren Musek op der Strooss
am Tram, am Bus, am Zuch
do hunn ech iwwerhaapt kéng Mooss
ech kréien es ni genuch.

Ech muss mat kéngem aneren schwätzen
nolauschteren wat en denkt a mécht
muss just mat mengen Stëpp do sëtzen
a schon hunn ech meng Welt fir mech.

Ech héieren net wann d'Vullen sangen
net wann de Wand duerch d'Blieder bléist
wann d'Reendrëpsen um Waasser sprangen
verpassen wéi een d'Natur genéisst.

Ech sinn duerchsichteg an der Mass
sinn do an awer net present
mäin Smartphone léisst mech net méi lass
ech liewen a menger eegener Welt.

Ëmmer wann ech virum Spigel stinn

Ëmmer wann ech virum Spigel stinn
Erféieren ech wann ech gesinn
Et sinn et puer méi Falen do
An d'Hoer ginn ëmmer méi gro
Do wuessen Hoer a mengem Ouer
Ech hunn e Bauch wéi e Paschtouer
Meng ënnescht Lëps ass ze dënn
Awer mécht liften do nach Sënn?
Meng Hoer déi stinn hott an har
Rasur wier gutt, ech hunn vill Baart
Oje, do wiisst elo ganz lues
Eng kräfteg Ees op menger Nues
De Spigel mécht mech guer net frou
Deemnächst halen ech meng Aen zou.

Et ass net alles schwaarz oder wäiss

Et ass net alles schwaarz oder wäiss
et gëtt net just gutt oder schlecht
et gëtt net nëmmen aarm oder räich
a Recht ass och emol ongerecht.

Et gëtt net nëmmen dënnen an déck
net nëmmen kuerz, net nëmmen laang
net just normal oder verréckt
net nëmmen kal, net nëmmen waarm.

Et gëtt bei allem Variatiounen
dat ass dat Schéinst op dëser Welt
schued, dass vun alle Vëlker an Natiounen
bal keen an Fridden zesummen hält.

Emotions

Les murs bougent et se rapprochent
me privent de soleil
et de clair de lune,
tout ce qui reste
c'est le noir.
Les paroles
perdent leur sens
aboutissent dans le vide
sont exemptes de contenu
puisqu'il n'y a plus personne
qui les écoute
c'est le vide.
Les sentiments
ne se ressentent plus
et les émotions
ne font ni rire ni pleurer,
le désert affectif

élimine toute sensibilité
c'est le froid.
Les yeux
perdent leur brillance
sont des miroirs mats
d'une âme sans vie,
ils regardent sans voir
ne sont plus le reflet de l'âme
c'est le désert.
Je suis là
sans voir et sentir
sans m'exprimer
et le délire
qui s'empare de moi
m'emporte au-delà
de toute sensibilité.

Et kann dach net esou schwéier sinn

Et kann dach net esou schwéier sinn
E positive Mënsch ze sinn
Et ginn dach 100.000 Saachen
Wouriwwer ee kann häerzhaft laachen
T'muss een net ëmmer kritiséieren
Meckeren, knouteren a beléieren
De Feeler bei den aneren sichen
Aplaz a senger eegener Kichen
Hoer splécken bis op d'Blutt
So mär wat ass dodrun gutt?
Emol verzeien ass guer net schlecht
Well dat den Dag méi einfach mécht
T'muss een net ëmmer eppes soen
Soueren, wéimeren, sech bekloen
En Härgottskand ass deen de gleeft
Wat alles do op Facebook leeft
Deen sech fir ganz onfeelbar hält
Eckt gären un op dëser Welt
T'soll een esou bescheiden sinn
Seng eegen Feeler ze gesinn
Et kann dach net esou schwéier sinn
E positive Mënsch ze sinn.

Hallo Welt

Hallo Welt, wou bass de drun?
Nach op denger Ëmlafbunn?
Dréins du wieder lues déng Ronnen?
Oder lecks du schon déng Wonnen?
Kanns du och net dat verstoen?
Wat déi Russe Mäerder soen?
Déi e fräit Land bombardéieren
Just fir et ze dominéieren
Looss de Buedem zu Moskau biewen
Mäerder hu kee Recht op Liewen
T'Welt kënnt esou super sinn
Géifen et manner „Putin's" gin
Hallo Welt wou bass de drun
Bleif op denger Ëmlafbunn.
Mäerz 2022

Facebook

Ee Brot mat Fritten an Zalot
En Hond, eng Kou, en Af, e Schwäin
Biller vun engem Hämmelsbrod
Reklamm fir Béier, Schnaps a Wäin.

Schlecht Fotoe vu Fra a Mann
Ganz oft onschaarf a schlecht gesinn
Vill Saachen, déi ee „like" kann
Egal wéi däämlech, dass se sinn.

Ee Spréchelchen, voll depressiv
Een aneren iwwert Léift a Leed
En drëtten ass ganz positiv
Well et elo an de Weekend geet.

Firwat muss haut déi ganz Welt wësse
Wee, wat um wéi vill Auer mécht
Wat d'Leit gär hunn, wat si vermësse
A wéini een de Chrëschtbam rëscht.
Op d'Bomi d'Gripp huet oder Schnapp.
Op Lais a Fléi de Struppi ploen
Op et grad gutt mam Stullgank klappt
A wat se op der Aarbecht soen
Dat ee mam Zuch op d'Aarbecht geet
Fir net all Dag am Stau ze stoe

Wann ee well wësse wat esou leeft
Muss een op Facebook kucke goen.

Et kann ee schnoffelen, dass et kraacht
Et weess ee wien Gebuertsdag huet
An t'spuert een sech d'Gebuertsdagskart
Et kann ee wënschen Dag an Nuet

Et kann ee weisen op engem Plang
Wou ee grad drun ass an der Welt
A gläichzäiteg mécht ee Reklamm
Wat dem Zockerbierg ganz gutt gefält.

Ouni Facebock liewe mécht och Sënn
firwat esou vill beim PC hocken
Et gëtt net een mee dausend Grënn
Sech einfach eemol auszelocken.

An deem Sënn lueden ech dech an
géi mat eraus, erlief deng Welt
a fal nimools op déi eran
déi muenchereen fir déi richteg hält

2018

Zu allem wat e liese kann
fält menger Nopesch eppes an
kéng Geschichten mat guddem Schluss
mä Saachen déi ee fäerten muss
op Facebook hunn se gëscht geschriwwen
et wier een am Cabinet hänken bliwwen
vun engem aneren deen hätt
e Kängurue fonnt a sengem Bett
vun Hënn gëtt och vill matgedeelt
an dass et op Mallorca reent
een huet e Pickel am Gesiicht
dee bei der Luut verdächteg liicht
a wann en opfiert, wat ass dann
et gesäit een dann eng déck flappeg Spann
déer Geschichten ginn et „en masse"
emol primitiv, emol richteg krass
dofir däerf een net alles gleewen
wat d'Leit am Netz esou verbreeden

2019

Heiansdo denken ech u sauere Reen

(Melodie: Über 7 Brücken musst du gehen, Karat)
Heiansdo denken ech u sauere Reen
Heiansdo dreemen ech vergëften Dreem
Heiansdo sinn ech traureg a bedréckt
Heiansdo mécht mech meng Ëmwelt verréckt.
Heiansdo sinn ech ausser Rand a Band
Heiansdo agebilt, intolerant
Heiansdo kënnt ech danzen voller Freed
Heiansdo dinn ech mär selwer leed.
Heiansdo dreemen ech vun enger Welt
Wou de Mënsch méi zielt wéi Muecht a Geld
Wou et keng Katastrophe méi ginn
An d'Mënschen sech alleguer verstinn.
Iwwer siwen Brécken muss de gon
Muss probéieren d'Liewen ze verston
Iergendwann wäerts du dann gesinn
Wéi schwiereg d'Welt an d'Mënschen sinn.
2022

Hallwer dräi

Et kéint ee mengen, d'Zäit géing hänken
Aplaz ze schlofen, muss ech denken
De gréisste Blödsinn fält mer an
Wougéint ech guer näisch maache kann
Emol denken ech u Frënn vu fréier
Mol un e killen Pättchen Béier
Mol un e Buch dat ech grad liesen
Mol u Krich a verlueren Liewen
Ech kommen einfach net zur Rou
An dach falen mer d'Aen zou
Et ass eng richteg Katastroph
Am Bett ze leien ouni Schlof.

Heinsdo sëtz de virum Blat

Heinsdo sëtz de virum Blat
An et fält Där näischt an
Du häss gemengt du has nach grad
Eng Iddi am Kapp dran
Fir e kléngt Gedicht ze schreiwen
Iwwer dat wat dech bedréckt
Mee däin Blat soll eidel bleiwen
Dat mécht dech verréckt.

Solls de iwwer Léift nodenken
Iwwer Fridden oder Krich
Iwwer d'Stären déi do blénken
Oder iwwer eidel Zich
Déi hell beliicht hir Sträifen zéien
An der niwwelschwéirer Nuecht
Iwwer Misär deen e kann kréien
Iwwer Haass an iwwer Muecht
Solls de besser philosophéieren
Melancholesch Deeg beschreiwen
Oder solls de parodéieren
Oder vläicht sarkastesch bleiwen
All Iwwerleeën hëlleft net
Et fält der näischt an
Dat ass dat topegst wat et gëtt
E Blat dat's Du net voll kanns maan.

Jickenentzündung

Déi Péng an der rietser Jick
déi schléit Där richteg op d'Gemitt
du kanns knapps leien, bal net goen,
du kanns och net mol richteg stoen;
et deet Der wéi bis an d'Hoorspëtzen,
du hues Problemer fir se sëtzen,
d'Féiwer dreift der Schweess op d'Stier,
d'Péng geet vun ënnen bis an d'Gehier;
Blutt piss De keent méi säit e puer Deeg,
d'Waasser ass klor wann s Du elo seechs,
den Dokter seet et kënnt Juli gin,
bis alles an der Rei misst sinn.
du sees «Här Dokter, ech wousst net,
dass eng Jick esou vill ze soen hätt,
dass si mäin Kierper drangsaléiert,
mech péngegt a mech dominéiert,
ech kann et wierklech net verston,
firwat hunn d'Jicken esou vill ze soon.?»

Komm schëtt mäin Glas nach eemol voll
(Fir de Lex Ginter)

Komm schëtt mäin Glas nach eemol voll
mat dengem bëllegen Alkohol,
ech hunn keng Loscht fir heem ze gon,
d'Auer huet grad eréischt zing geschlon.

Mat dësem Glas denken ech zréck
un all déi Leit déi e klengt Stéck
mat mär am Liewen gaangen sinn,
vill hunn ech der ni eröm gesinn.

Ech denken un de Gintesch Lex
hien ass gestuerwen fréi um sechs,
säin leschten Match huet hien verluer,
geläämt, voll Kriibs, et goung him duer.

Ech denken un déi fréier Frënn,
u Fra a Kand, et war eng Sënn,
deemools vun hinnen fort ze gon,
a si mat mengem Soff ze plon.

Ech drénken op d'Gantrels Famill,
déer verdanken ech nawell ganz vill
schéin Stonnen, t'war eng ganz schéin Zäit,
si opginn ze hunn deet mär haut leed.

No allen Säiten drénken ech,
ech sëtzen hei eleng um Dësch,
mäin Liewen leeft laanscht wéi e Film,
ech spieren wéi ech traureg gin.

Ech drénken no Süden, West an Nord
schwammen op der Erënnerung fort,
t'deet einfach gutt esou ze schwiewen,
ze surfen op der Autobunn vum Liewen,
déi al Gesiichter erëm ze begéinen,
ze dreemen vu Gléck, Freed an Tréinen,
einfach roueg an eleng ze sinn
an sech der Vergaangenheet hinzegin;
ganz oft war si einfach genial,
haut sinn meng Deeg éischter banal,
dofir ass et gutt gelieft ze hunn,
un d'Erënnerung kënnt keen aneren drun,
si ass dat Kostbaarst datt een huet,
villes ass eriwwer, an dat ass schued.

August 1996

Kuck wéi séier d'Wolleken fléien

Kuck wéi séier d'Wolleken fléien
A wéi faarweg d'Blummen bléien
Rich de Parfum vun Jasmin
Vanill, Koriander, Rosmarin
Kuck wéi d'Waasserdrëpsen liichten
Schmaach de Goût vu frëschen Friichten
Fill wéi d'Loft duerch d'Hoer bléist
A wann d'Keelt dech schudderen léisst
Genéiss et wann moies d'Sonn opgeet
An nuets de Mount um Himmel steet
A free dech schonn all owes drop
Den Dag duerno geet d'Sonn nees op
An ass en Dag emol naass a gro
A läit där eppes staark um Mo
Bleif positiv, denk ëmmer drun
All Dag fänkt alles vun neiem un.

Hien lieft a senger eegener Welt

Hellt just dat un wat him gefält
Hien léisst sech glat a guer näischt soen
Ass ouni Enn am Gang ze kloen
Iwwer Verbriecher a Migranten
De Covid 19, Asylanten
An dann gëtt all dee Quatsch gegleeft
Den Dag fir Dag op Facebook steet
„Schnipp, Schnapp, hal se mol zou
Maach wat's de wëlls, looss mech mat Rou"
Hien huet ni Dialog geléiert
Weess net wéi een Gespréicher féiert
Hien schnaapt fir Klengegkeeten an
Well hien net diskutéieren kann
Hien ass e Mënsch ouni Gedold
Un allem sinn ëmmer anerer schold
Do kann et nëmmen schwéier sinn
Fir mat esou engem eens ze gin.
2020

J'ai un faible pour les perdants

J'ai un faible pour les perdants
les solitaires, les immigrants,
les malades et les idiots,
les sans-adresse et les escrocs,
les terroristes et les bandits,
les RMGiistes et tous ceux qui
ne sont acceptés par personne,
je voudrais bien qu'on leur donne
la compréhension qui serait la leur,
on ne les aimera jamais et j'ai bien peur
que l'égoïsme que nous vivons
l'emporte sur la bonne raison
et que les perdants sont condamnés
à une vie au bord de la société.

Misanthropen

Muss ee wierklech eekleg sinn
Fir am Netz bemierkt ze gin
Muss e stänkeren, attackéieren
Léien, beleidegen a blesséieren
Mënschen duerch de Kacka zéien
Wourechten total verdréinen
Flott wier wann deen ouni Hiren
Virun senger Dier géing kieren.

Lloret 1996

Haut bass Du
nach esou
wäit ewech
an ech
muss soen Du
feels mer echt.

Wat hunn ech
oft un dech
geduecht,
iwwer eis Gefiller
nogeduecht.

A wann ech
dech erëmgesinn,
dann wäert meng
Laun erëm
besser gin.

1996

Op der Autobunn

Meeschtens wann ech Langweil hunn
Fueren ech erop op d'Autobunn
Och wann do net vill ganz vill leeft
Well de Verkéier ganz oft steet.

Ech well einfach gär gesinn
Wéi verschidden d'Mënschen sinn
A wéi si sech esou behuelen
Beim Gas ginn, bremsen, iwwerhuelen.

Do ginn et der deenen et gefält
Wann ee kee richtegen Ofstand hält
Déi Där drun un der Stoussstaang pechen
Wéi wann sech dech willten erwechen.

T'ginn der, déi fir ze iwwerhuelen
Nawell ganz gären Zickzack fueren
E Winker brauchen si dofir net
Obschonns et den an all Auto gëtt.

Et ginn déi Chauffeuren mat Hutt
O Schreck – déi fueren sielen gutt
Déi tuckeren meeschtens op de Stroossen
An nerven déi aner ouni Moossen

Et ginn déi, déi lénks laascht dech flitzen
Fir dann de Winker unzeknipsen
A wupp di wupp geet et no riets
Déi hunn net vill an hirer Iets.

Et ginn der, déi fueren ganz stuer
eleng op déer lénkser Spuer
Obschonn dass dat sech net gehéiert
An aner Leit ganz kräfteg stéiert.

T'gi Chauffeuren, t'ass fir ze laachen
Déi mat hirem Camion Course machen
Déi sinn am Kapp e bësse wënsch
Esou e Champion brauch kee Mënsch.

Do stinn vill Drängler a Gehetzter
Vill Smartphone a Bluetooth – Vernetzter
Frënn vu Maps a vu Spotify
Granzeg am Stau an enger Rei.

Ech halen op elo ze beschreiwen
Wat d'Leit esou op de Stroossen dreiwen
Hoffen all Mënsch behält seng Rou
Beim Lëtzebuerger „Stop and go"

Postkaarten

Heiansdo fënnt een beim Opraumen eng Këscht oder eng Enveloppe mat Postkaarten déi een aus deenen ënnerschiddlechsten Ecker vun der Welt geschéckt kritt huet.

Ech denken gär un déi Zäit zréck wou een mat enger Postkaart konnt beweisen, dass een och wäit ewech vun doheem u seng Frënn a Bekannten geduecht huet.

Virun der Rees, huet een a sengem Bichelchen gekuckt op nach jiddereen op der selwechter Adress géing wunnen. Mat der Zäit sinn déi Bichelcher verschwonnen an et huet een sech Etiketten erausgeprint. Dat hat de Virdeel, dass een d'Adressen net méi op der Hand huet musse schreiwen an dass se doduerch vill méi einfach vun der Post ze entzifferen waren.

Nodeems dass een déi éischten Deeg an der Vakanz hannert sech bruecht hat, ass een op d'Sich no schéinen Postkaarten gaangen. Et huet een se op ganz ville Plazen konnten kafen, net nëmmen an Zeitungs- a Souvenirsgeschäfter – et huet een se ënner anerem och an Epicerien an an de Receptiounen vun den Hotellen kritt. Meeschtens stoungen se wéi Zaldoten op Stänneren aus Drot, déi een konnt ronderëm dréinen. Wann ee Pech hat stoung een zu méi do, an oft ass et virkomm, dass deen een no lénks gedréint huet an den aneren no riets. D'Auswiel u Karten war immens an d'Motiver ganz verschidden: Plagen, Palmen, Blummen, Deieren, Schëffer, Vue'en vu Stied, Bierger, Volleksfester. Et goufen witzeg Karten déi Spaass gemaach hunn an et goufen der esou guer mat Spréchelcher a Liewenswäisheeten drop.

Et huet een natierlech ëmmer probéiert déi richteg Kart fir jiddereen ze fannen. D'Tatta Ketty hat d'Kazen gär, de Monni Mett huet sech fir Landschaften interesséiert, den Noper Pier a seng Fra konnte e mat witzege Motiver an engem kléngen Spréchelchen begeeschteren.

Déi ganz Aktioun Postkaarten huet esou richteg vill Zäit an Usproch geholl. Et huet een am Geschäft ëmmer mussen froen op se och Timberen mat de Karten géingen verkafen. Déi allermeescht hunn d'Timberen net separat verkaf – nëmmen zesummen mat de Karten.

Wann een dann säi Beidel Karten zesummen hat, huet een sech eng Plaz op enger Terrasse gesicht wou een ënnert engem Sonneprabbeli ugefaangen huet ze schreiwen.
Ech hunn fir unzefänken ëmmer fir d'éischt d'Adressen op sämtlech Karten geschriwwen oder gepecht fir ze vermeiden dass een eng Kart géing kréien déi fir en aneren geduecht war. Dono ass dann d'Groussbotschaft komm.

All deenen Leit déi sech net oder wéineg kannt hunn konnte een dat selwecht schreiwen: „E schéine Bonjour vun ………" oder „Sonneg Gréiss vun ……… „ Déi Frënn a Familljememberen déi Kontakt mateneen haten huet een jeeweils méi eppes Individuelles geschriwwen, emol e kléngt Gedicht, emol e puer perséinlech Wieder oder Gedanken.

No e puer Pätt Wäin oder Béier war dat Geschreifs dann erleedegt. Et gouf héich Zäit, d'Hand huet schonn ugefaangen wéi ze doen.

Elo hunn nach just d'Timberen gefeelt. Laang Zäit huet ee mat der Zong missen iwwert de Réck lecken fir dass se gepecht hunn. Spéider waren se

„Autocollant" an et huet een se just vun enger Folie mussen erofzéien.

Déi ganz Operatioun Postkaart gouf mat der Sich no enger Bréifkëscht ofgeschloss. Ech hunn meng Karten ëmmer am léifsten an enger Post ageworf, well ech der Meenung war do géingen se méi séier ukommen.

An de leschten Joren sinn nieft de, meeschtens gielen, Këschten vun der Post déer vu privaten Firmaen mat aneren Faarwen opkomm. Déi Firmaen haten natierlech och hir eegen Timberen. Ech hat eemol esou eng benotzt – déi Karten sinn ni ukomm.

Wann d'Postkaarten dann op hirem Bestëmmungsuert ukomm sinn ass et hinnen ganz ënnerschiddlech ergaangen. Déi eng sinn op enger Pinnwand gelant, anerer um Frigo, um Büros- oder Kicheschaf oder op iergendenger Plaz wou een se eng Zäitchen konnt gesinn, nach anerer an enger Schong- oder Kichelcherskëscht.

Joren méi spéit tauchen se dann beim Raumen nees op.

Fir historesch Postkaarten déi et an méi enger klenger Oplag gi sinn besteet Interessi bei Sammler – dofir fënnt een oft Postkaarten op Floumäert.

Anerer ginn einfach mam Alen Pabeier entsuergt.

Alles an allem muss ee soen, dass esou eng Postkaart ëmmer eng flott Geschicht erzielen kann.

2020

<u>No e puer Pätt Problemer sichen</u>

No e puer Pätt Problemer sichen
Geluede Stëmmung an der Kichen
Léift ass ewéi eng Achterbunn
Sëtz du bis dran, da bass du drun
Du flitts am Weenchen hin an hier
An du kriss Duerchzuch an d'Gehier
A wann den Tour eriwwer ass
Hoffs du et geet net gläich erëm lass.

Während ich hier in der Sonne sitze…

Während ich hier in der Sonne sitze
Und vor lauter Hitze schwitze
Sehn ich mich nach frischer Luft
Doch ich rieche nur den Duft
Von Sonnenöl und Sonnencreme
Gott o Gott, das nervt extrem.

Ne Oma hängt am Handy dran
Neben ihr da schnarcht ihr Mann
Eine Chinesin macht Massasch
Ne Frau hat ein Geweih am Arsch
So manch einer ist tätowiert
Und zeigt den Leuten ungeniert
Dass mancher, auch sehr dicke Mann
Den fetten Bierbauch zeigen kann
Schade nur, dass Männer und Frauen
Sich mit Tattoos total versauen.

Die Wellen treffen auf den Strand
Ich seng die Füße mir im Sand
Doch was kann es noch Schöneres geben
Als so ein faules Rentnerleben
Da muss man wohl an manchen Tagen
Auch den Geruch von Crème ertragen.

Toleranz

Matdenken, matfillen, matleiden
anescht denken, ouni streiden
lauschteren wat en aneren seet
och wann dat engem net geet
frou sinn dass et Mënsche ginn
déi net enger Meenung sinn
schwätzen ouni d'Stëmm ze hiewen
voller Fridd zesummen liewen
de Reiz läit an der Differenz
bei Toleranz besteet kéng Grenz
esou laang de Mënsch sech respektéiert
sech net un Farw an Sproochen stéiert
kann et dach net esou schwéier falen
mat Toleranz zoueneen ze halen.

Ukrain, Tschad, Afghanistan

Ukrain, Tschad, Afghanistan
Jemen, Mali an Sudan
Mosambik, Nigeria
Kongo, Syrien, Guinea
Ethiopien, Kasachstan
Burkina Faso an Iran
D'Welt ass voller Krich a Leed
Honger, Aarmut, Grausamkeet
Haass, Konflikter, Egoismus
Misär, Gaascht, blannen Sadismus
Dat däerft dach alles guer net sinn
Wéini ass de Mënsch eng Besti gin?

2022

Wat soll ee vu Russen halen

Wat soll ee vu Russen halen
Déi aner Länner iwwerfalen
Zivilisten bombardéieren
Fraen a Kanner massakréieren
Klauen, killen, violéieren
Folteren, Léien an zerstéieren
An all dat just aus engem Grond
Dem Putinzwerg - dem falschen Hond
Dee gären Här am Osten wier
Mat sengem debillen Gehier
T'ass traureg wann e kranken Mann
Deen nëmmen Leed verbreeden kann
Ouni Strof däerf weider liewen
Iwwerdeems seng Zaldoten stierwen
D'Welt steet

Oktober 2022

Well du bass 70, mecker net

Wann s du bis an de Keller gees
An do op eemol net méi weess
Wat's du dohin wollts siche goen
Ass dat kee Grond fir dech ze kloen
Well du bass 70, mecker net
Well et am Alter Schlëmmeres gëtt.

Mol hues du eng liicht Péng am Réck
Mol en Torticolis am Genéck
Deen een Dag plot dech déng Arthrose
Dann nees d'Prostate oder deng Blos
Mol kënns du d'Trapen schlecht erop
Mol hues du e Vakuum an der Kopp
Well du bass 70, mecker net
Well et am Alter Schlëmmeres gëtt.

Wann s du ouni Brëll net vill gesäis
Net méi gutt opkënns wann s du läis
Net alles héiers wat anerer soen
Wann dech beim Goen d'Knéien ploen
All Woch d´deng Këscht mat Pëllen fëlls
Déi's du géint eng Partië Boboen hëls
Da bass du 70, mecker net
Well et am Alter Schlëmmeres gëtt.

Mol hues du Suergen mat der (Band)scheif
Mol rubbelt et der am Ënnerleif
Mol reifs du dech mat Fastum an
Mol mëss du där d'Drëpsen an d'Aen dran
T´kënnt ëmmer nees eppes Neies dozou
Du léis der Krankekeess kéng Rou
Well du bass 70, mecker net
Well et am Alter nach Schlëmmeres gëtt.

Ziel mer eng Geschicht

keng vun Problemer a vun Nout,
vu Krich, vu Misär an vun Doud,
vun Aids, vu Kriibs, vun Drogegeld,
vun Rassenhaass op eiser Welt,
vu Sekten an vu Streiderei,
vu Kurdenhetz an der Tierkei,
vu Schëff- an Fligerkatastrophen,
vun Dire Straits a vun den Doofen,
vu Mieren déi total verknaschten,
vu Panzeren déi ni wäerten raschten.

Neen!

Ziel mer eng Geschicht,
bei déer ech richteg dreemen kann
vun Harmonie tëscht Fra a Mann,
vu Sonn, vu Palmen a vu Sand,
vun engem dramhaft schéinen Strand,
vu Beem déi nimools mussen stierwen,
vu Leit déi gär zesummen liewen,
vu Gléck, vu Fridden, Séilegkeet,
vun Ausgeloossenheet a Freed.
A wann et muenches vläicht ni gëtt -
et ass egal - erziel mer et.

Esch am Joer 2046

Am Theater ass eng Maison Relais
Kéng Gare méi do, nach just e Quai
Op Belval steet déi nei Gemeng
Parkplazen am Zentrum gin et kéng
Do ass wäit a breet keen ze gesinn
Well se all anzwuersch anescht kafe gin
De Conservatoire gouf suppriméiert
Do gëtt elo Yoga enseignéiert
Um Brill hannert enger Gliesener Wand
Ass de leschten Escher ausgestallt
D'Gare vum Tice ass an der Metzeschmelz
De séieren Tram fiert bis op d'Grenz
E Buurgemeschter (m / w) gëtt et net
Well et näischt méi ze entscheeden gëtt
D'Musek spill laang net méi zu Esch
Déi glorräich Záit ass wäit ewech.
2023

<u>De Kandidat</u>

Mam Kandidat duerch d'Duerf ze goen
Schléit engem op de Mo
Hien bleift bal all puer Meter stoen
Et ass eng richteg Plo.
Hien grinst no alle Säiten hin
Ass fréndlech a jovial
Hofft jiddereen huet hien gesinn
T'ass net méi wäit bis d'Wal.
Hien mécht Verspriechen ouni Enn
Déi hien nimools kann halen
Hien klappt op d'Schëller an dréckt Hänn
Hien wëll all Mënsch gefalen.
Wann d'Walen dann eriwwer sinn
Verschwënnt hien nees, t'ass kloer
Well bis déi nächste Walen sinn
Vergeet nach esou muncht Joer.
01.05.2023

Weess du wivill Stären et gin

Weess du wivill Stären et gin
Hunn ech meng Boma oft gefrot
Op et Engelen gin a wou se sinn
„Ech weess et net" huet si gesot.
Wou ass d'Sonn wann se ënner geet
Wou kennt de Reen, den Niwwel hier
Wéi gëtt aus Waasser Schnéi gemeet
Wou ass den Ufank, d'Enn vum Mier?
Firwat sinn d'Mënschen esou verschidden
Sinn esou vill Sproochen op der Welt
Firwat gëtt et net ëmmer Fridden
Mee Sträit em Muecht, Relioun a Geld?
Wee geet dat fir, dass Fligeren fléien
A Schëffer schwammen op dem Mier
Wee seet de Blummen si solle bléien
Wou kënnt de schéine Reebou hier?
Meng Boma konnt op all meng Froen
Geschichten zielen, Äntwerte gin
Huet mir gehollef ze verstoen
Firwat d'Saachen esou sinn wéi se sin.
Robby Gengler
Juli 2023

Wann se Vëlosweeer vernetzen

Wann se Vëlosweeer vernetzen
A vun sécheren Stroossen schwätzen
Fannen d'Wunnen kascht ze vill
Integratioun ass en héicht Ziel
Sech fir d'Bierger interesséieren
An sech kee fatz méi genéieren
Beem a Bänken anzeweien
Als Reklamm an der Boîte ze leien
D'Matbestëmmung nei entdecken
An de Bierger hannen lecken
Dann si Walen wier dech net
Du entgees dem Walkampf net.
Robby Gengler
08.06.2023

E Kräizchen hei e Kräizchen do

E Kräizchen hei e Kräizchen do
Keent fir déi Gréng, keent fir déi Blo
Sinn déi méi no d'nächst Woch nach do?
Méi no bei dir ass och eng Plo!
Ech weess guer net wat ech soll maachen
Déi Walcampagne war fir ze laachen
Wat maachen ech a menger Nout?
Ech wielen alt nees eemol rout!
09.06.2023

Léift ass ....
Léift dat ass sech gär hunn, streiden
Meckeren a Gesiichter schneiden
Sech ëmaarmen an sech këssen
Alles vun dem aneren wëssen
Gär ganz oft zesummen sinn
Och wann et Problemer ginn
Mateneen schwätzen, diskutéieren
Sech schätzen an sech respektéieren
All Stonn zu zwee mat Freed erliewen
Zefridden op enger Wollek schwiewen
Iwwer gro Hoer an Falen laachen
De Spunnes mat sech selwer machen
Zu sengen eegenen Feeler stoen
Sech heinsdo staark op d'Nerven goen
An Harmonie e Pättchen drénken
A meckeren iwwer Fiets déi sténken
Esou muss et dach richteg spannend sinn
Verléift ëmmer méi al ze ginn.